# 古代への情熱

H・シュリーマン
池内 紀＝訳

角川文庫
23564

# 古代への情熱

目次

黒海
トラキア
コンスタンチノープル
(イスタンブール)
マルマラ海
サモトラケ
トロアス
フリギア
トロヤ
ヘレスポントス海峡
(ダーダネルス海峡)
▲イダ山
ミシア
エーゲ海
ペルガモン
リディア
エウボイア
キオス
スミルナ(イズミル)
カリア
キクラデス諸島
ロードス
クレタ
クノッソス

古代エーゲ海・小アジア世界
マケドニア
エピロス
オリンポス山
コルフ
テッサリア
イタカ
オルコメノス
イオニア海
ケファロニア
アテネ
コリント
ミケネ
アルゴス
オリンピア
ティリンス
ペロポネソス半島
スパルタ
0
100km

ノイブコウ
カルクホルスト
メクレンブルク＝
シュヴェリーン大公国
ブランケネーゼ
ハンブルク
アンカースハーゲン
シュペック
ノイシュトレリッツ
フュルステンベルク
ノイルッピン
エルベ川
ベルリン
ライプツィヒ

シュリーマン関係地図
ヘルゴラント
クックスハーフェン
テクセル
ブレーメン
エンクハイゼン
ヴェーザー川
アムステルダム
ライン川
ブリュッセル

図版作成　小林美和子
本文デザイン　五十嵐徹（芦澤泰偉事務所）

# はしがき

最愛の夫が世を去って数週間したころ、F・A・ブロックハウス氏から一つの申し出を受けました。夫の著書『イリオス』にある自伝的な部分を、これまでとはちがった形で世に出すわけにいかないかというのです。そのとき私は即座に、これは断ってはならないことだと思いました。

ハインリヒ・シュリーマンの生涯と仕事、またその突然の死は、あらゆるところに大きな反響を引き起こしました。古代史専門家や友人たちの世界をこえて、深い同情が寄せられました。

その気持ちに応《こた》えなくてはなりません。私にとっても、この辛《つら》い時期に過去へもどっていけるのは、悲しみをこえたよろこびがあります。ともに手をたずさえてトロヤやミケネの発掘に取り組み、苦労の末に豊かな成果をもたらした時間と再会できるからです。でも心はあってもペンが動いてくれません。

だから私はブロックハウス氏の申し出を、アルフレート・ブリュックナー博士にゆだねることにしました。ブリュックナー先生は先年もトロヤにあって、背後から夫を支援してくれたかたです。この人の手を通して、夫の自叙伝が完成しました。

一八九一年九月二十三日

アテネにて
ソフィア・シュリーマン

第一章

# 幼い頃、及び商人時代

1822—1866

自分の本に自分の生い立ちを書いたとしても——と、ハインリヒ・シュリーマンは『イリオス』のはじめに書いている——虚栄心からではない。のちの仕事のすべてが、幼い頃の印象によっていたこと、ほとんどその当然の結果であったことを、はっきりさせたいからである。いわばトロヤとミケネを発掘した鋤《すき》と鍬《くわ》は、幼いときの八年を過ごしたドイツの小さな村で鍛えられ、磨かれた。ようやく人生の秋になって大事業にとりかかるにあたり、それを実現させた資金をどのようにして手に入れたのか、語っておくのは無駄ではないだろう。つまるところ、貧しい少年がはぐくんでいた夢であったからだ。

私は一八二二年一月六日、メクレンブルク＝シュヴェリーン[*1]の小さな町ノイブコウで生まれた。私の父エールンスト・シュリーマンはプロテスタントの説教師で、翌二三年、アンカースハーゲンへ転任した。同じ大公領内のヴァーレンとペンツリンのあいだにある小さな村で、私はそこで八年間を過ごした。もともと神秘的なものや不思議なものが好きだったところへもって、村にはさまざまな怪異がみちており、それがほんものの情熱となって燃え上がった。

わが家の離れには、父の先任者であるルスドルフ牧師の幽霊が出るといわれていた。庭のすぐうしろに小さな池があり、「銀の小皿」の名がついていた。真夜中に銀の小皿を持った女の幽霊があらわれるからだ。村には堀に囲まれた小さな丘があって、異教時代の墳墓らしく、「巨人の墓」と称されていた。村に伝わる伝説によると、老いた盗賊《とうぞく》が、わが子を黄金の揺《ゆ》り籠《かご》ごと、ここに葬ったということだ。地主さんの庭には丸い塔の遺跡があって、そこに途方もない財宝が埋まっているとのことだった。私はそういった話をそっくり、固く信じていた。だから父が貧しい家計のやりくりを嘆くのを聞くと、銀の小皿や、黄金の揺り籠をどうして掘り出さないのか、そうすれば一度に金持ちになれるのに、といぶかしがりながらたずねたものだ。

アンカースハーゲンの村にはまた中世の古い城があった。壁の厚さは六フィート（約百八十三センチメートル）もあり、中に秘密の通路がある。さらに地下道があって、優に一ドイツ・マイル（七・五キロメートル）も長く、シュペック近傍の深い湖の下を走っている。それは恐ろしい亡霊の通る道だといわれていた。村の人たちはいつも身ぶるいしながら、噂《うわさ》ばなしをした。古い言い伝えによると、かつてこの城にヘニング・フォン・ホルシュタインという盗賊騎士が住んでいた。通称〝釜《かま》ゆでのヘニング〟で、広く国中で恐れられていた。なにしろ強盗、放火おかまいなしなのだ。メクレンブルク大公は商用のため城の近くを通らなくてはならない商人に、通行手形を出して保護しようとした。〝釜ゆでのヘニング〟は腹を立て、復讐《ふくしゅう》を考えた。わざと下手《したで》に出て、大公を城に招待した。大公は招きを受け入れ、約束の日にお供を従えてやってきた。村の牛飼いは、客を殺そうという主人の計略を知って、途中の藪《やぶ》に身をひそめた。私たちの家から四分の一マイルばかり離れた丘のふもとで大公一行を待ちうけ、ヘニングの悪だくみを伝えた。大公は直ちに引き返した。その丘はいまでも「待ちの丘」の名があるが、この出来事に由来するといわれている。

盗賊騎士はことの次第を知り、牛飼いを大きな鉄の釜で生きたまま釜ゆでにした。あまつさえ身もだえしている牛飼いを、左足で、おもうさま蹴《け》り上げたということだ。その後まもなく大公は兵を率いてやってきて、城を包囲し、攻めたてた。ヘニングはもはやこれまでと観念すると、ありったけの財宝を大きな箱に詰め、庭の丸い塔の近くに埋めた。その遺跡はいまもある。盗賊ヘニングはそのあと、みずから命を絶ったのだが、教会墓地にあるひとつながりの平たい石は、ヘニングの墓だといわれている。

その墓地からは何百年も、盗賊の左足、それも黒い絹の靴下をつけたままの片足がにゅうとのび出てくる。教会守《も》りのプランゲや、墓掘りのヴェラートが固く誓っていうには、子供のころ盗賊の足を切りとって、その骨で梨《なし》の実をたたき落としたそうだ。この世紀の初めになって、足が突然、のびなくなった。

私は子供心に、そういった話のすべてを心から信じていた。そして父に墓を自分で掘るか、または私にそれをするのを許してほしいと懇願した。墓を開けば、どうして足がのびなくなったのかわかるからだ。

私の感じやすい心にとりわけ強い印象を与えたのは、城の裏手の壁にある陶製のレリーフだった。男の姿をあらわしていて、人々の信じているところによると、〝釜ゆでのヘニング〟の像だった。色をつけるつもりが、どの色も受けつけなかったという。牛飼いの血に覆《おお》われているからで、その血は決して拭《ぬぐ》い去ることができない。城の広間には埋めこみの暖炉《だんろ》があったが、そこがまさに牛飼いを釜ゆでにしたところであって、暖炉の仕切りを消そうとしても、どうしても消すことができない――いずれも天の啓示であって、いつまでも悪行を忘れさせないためである。

もう一つ、私が固く信じていたことがあった。となりの土地の所有者グントラッハ氏が、村の教会わきの丘から大きな木の樽《たる》を掘り出したということで、その樽には古代ローマ時代のとても強いビールが入っていたらしいのだ。

　父は言語学者でも考古学者でもなかったが、古代史に強い関心をもっており、しばしば私に、ヘルクラネウムやポンペイ[*2]の悲劇的な滅亡を、力をこめて語ってくれた。おりしも遺跡が掘り出されたところであって、父によると、かの地に出かけて発掘現場を見物するだけの暇《ひま》と金のある人こそ、この世の幸せ者というのだった。父はまたしばしば、たのしそうに、ホメロス[*3]に出てくる英雄たちのことや、トロヤ戦争の一部始終を話してくれた。そんなとき、私はいつもトロヤ側の肩をもった。トロヤの街が破壊され、あとかたもなく地上から消え失《う》せたと聞いて、胸がしめつけられる思いがした。一八二九年のクリスマスのことだが、そのとき私はもうすぐ八歳になるところだった。父はクリスマスの祝いに、ゲオルク・ルートヴィヒ・イェラー博士の『子供のための世界の歴史』を贈ってくれた。その本には色刷りで、燃え上がるトロヤが描かれていた。途方もなく大きな城壁や、スカイアの門がある。父のアンキセスを背負い、幼いアスカニオスの手を引いて、アエネアス[*4]が逃げていく。私は小躍りして叫んだ。

「お父さん、まちがってたね！　イェラーはきっとトロヤを見たんだ。でないと、こんなにちゃんと描けないよ」

「そうじゃない」

と父はいった。

「これは想像図っていうんだ」

しかし私が、トロヤにはほんとうにここに描かれているような大きな城壁があったのかとたずねると、父はうなずいた。

「ならば、お父さん――」

と私はいった。

「こんな壁がほんとうにあったとすると、まるっきり、なくすなんてできっこない。きっと石や土の下に、何百年も埋もれている」

父は異議を申し立てたが、私は自説をゆずらなかった。とどのつまり、私がいつかトロヤを発掘するということでケリがついた。

よろこびであれ悲しみであれ、心にみちると口からあふれ出るというが、子供の口はとりわけそうだ。それからというもの、私は遊び仲間にトロヤのことや、村にどっさりある不思議ばかりを口にしていた。だれもが私をばかにしたなかで、ルイーゼとミンナだけはそうではなかった。アンカースハーゲンから四分の一マイルばかり離れたツァーレン村の小作人マインケ家の姉妹である。ルイーゼは六つ年上だったが、ミンナは私と同じ年だった。二人は私をばかにしなかった。とんでもない！　いつも熱心に私の話す不思議に耳を傾けてくれた。わけてもミンナは心から理解してくれた。そして私の途方もない将来の計画に、いそいそと同意した。私たちはたがいに好意を抱き合い、幼心《おさなごころ》に永遠の愛と忠誠を誓い合った。

一八二九年から三〇年にかけての冬のあいだ、マインケ家や、わが家、また古い城で、かわるがわるダンス教室が開かれ、そのたびに私たちは会うことができた。古城はそのころ、小作人のヘルト家が住んでいた。ミンナと私はもっぱらヘニングの血染めの肖像や、埋めこみ暖炉の不吉な仕切りや、壁の中の秘密の通路や、地下道の入り口を見てまわった。わが家でダンス教室が開かれるときは、戸口の前の墓地へ出かけて、ヘニングの足が地上に出てやしないかをたしかめた。あるいはおそるおそる教会の古い書き物をくってみた。父の前任者として二代にわたり、一七〇九年から九九年までここにいたヨハーン・クリスティアン・フォン・シュレーダーと、その息子ゴットフリーデリヒ・ハインリヒの手になるもので、村人の生年や結婚のこと、死者の名前がずらりと記されていた。それは私たちには特別の魅力があった。おりおり私たちは息子シュレーダーの娘で、わが家のすぐ近くに住んでいる、当時八十四歳のおばあさんを訪問した。そして村の昔のことをたずねたり、先祖の肖像画を見せてもらった。なかでも彼女の母親で、一七九五年に世を去ったオルガルタ・クリスティーネ・フォン・シュレーダーの肖像が気に入った。私たちには、たぐいまれな傑作のように思えたし、それにまた、どこかミンナと似ていたからである。

またおりおり、村の仕立て屋ペーター・ヴェラートのところへ出かけていった。片目で、片足がなく、そのため「一本足のペーター」などと呼ばれていた。いかなる教育を受けたわけでもないが、おどろくべき記憶力をそなえており、私の父の説教を聞くと、それを一字一句、ちゃんとそのまま繰り返すことができた。もし学校に通い、大学で学ぶ道が開けていれば、きっと立派な学者になっていたにちがいない。話すのが上手だった。なんともみごとな声の調子で、汲《く》めども尽きない逸話《いつわ》をつぎつぎと披露して、私たちの好奇心をいやが上にもかき立てるのだった。ためしに一つ、採録しておく。

仕立て屋はいつも、コウノトリが冬のあいだ、どこで過ごすのか知りたくてならなかった。そこであるとき、——父の先任者、ルスドルフ牧師のいたころだが——毎年、穀物小屋に巣をつくるコウノトリの一羽をとらえ、脚に小さな羊皮紙を結びつけた。そこに教会守りのプランゲにたのんで、一筆書いてもらった。メクレンブルク＝シュヴェリーンのアンカースハーゲン村の教会守り、並びに仕立て屋ヴェラートは、コウノトリが冬に巣をつくるお家《うち》の方にお願い申します、どうかお国の名前を教えていただきたいのです——。

翌年、コウノトリをつかまえてみると、脚に別の羊皮紙が結びつけてあった。そこにつぎのような下手くそな詩の形で返答がしてあった。

シュヴェリーン＝メクレンブルクは存じません
コウノトリがいたところは
聖ヨハネスの国と申します

むろん、私たちはすべてを信じた。そして秘密にみちた「聖ヨハネスの国」がどこにあるのか、生涯の何年かをかけても突きとめたいと思った。こういった逸話が地理の知識をゆたかにしたというのではないが、少なくとも地理を学びたいという気持をかき立てたし、すべて不思議なことに対する情熱を、いやがうえにも高めてくれた。

ダンス教室では、ミンナも私も、まるでだめだった。ちっとも上達しない。生まれつきダンスのセンスがなかったのかもしれないし、また考古学のことや将来の計画に、あまりに気をとられていたせいかもしれない。

私たちのあいだでは、すでに決まっていた。成人に達ししだい、すぐに結婚する。

そして直ちにアンカースハーゲンの調査にとりかかる。黄金の揺り籠や、銀の皿や、ヘニングが埋めた財宝、またその墓、しめくくりにトロヤの街を発掘する。生涯をかけて過去の残存に取り組むほどすてきなことは、他にとても考えられなかった。

私はこののち、変転多い人生を送った。その間ずっと、トロヤへの忠誠がゆるがなかったことを神に感謝しよう！　とはいえ、実際に取りかかったのは、頭に霜《しも》を置いてからである。しかもミンナなしにだ。彼女からはるかに、ずっと離れたところで、五十年前の幼い夢の実現をめざさなくてはならなかった。

父はギリシア語はできなかったが、ラテン語には通じていて、暇をみては私にラテン語を教えてくれた。九歳になってまもなくのある日、愛する母が死んだ。取り返しのつかない喪失であって、私と六人の弟や姉たちを見舞った大いなる不幸だった。

母の死にひきつづいて、ほかにもよくないことが重なった。そのため、すべての知人が背を向け、交わりを絶つまでになった。私はそのこと自体は悲しまなかったが、マインケ家に出入りできず、ミンナと引き離されている、決して会えない――それが母の死にまして辛《つら》かった。ミンナを思うと、母の死さえ忘れるほどだった。涙にくれながら、毎日、何時間も、オルガルタ・フォン・シュレーダーの肖像の前に佇《たたず》んでいた。そしてミンナとともに過ごした幸せな日々のことを思い返した。将来は暗く閉ざされており、アンカースハーゲンの不思議や、トロヤですらも、そのとき私には、どうでもよいことだった。父はわが子の打ちひしがれように気がついて、二年間、私を兄弟のもとに送った。同じ説教師のフリードリヒ・シュリーマンは、そのころメクレンブルクのカルクホルスト村の教師をしていた。この村で私はノイシュトレリッツ[*5]出身の牧師補カール・アンドレスに教わるという幸運に恵まれた。すばらしい言語学者であって、私はめきめきラテン語に上達した。一八三二年のクリスマスには、正確ではないにせよ立派なラテン語でトロヤ戦争のこと、またオデュッセウスやアガメムノンの冒険[*6]を作文にして、父への贈り物にした。

十一歳のとき、ノイシュトレリッツのギムナジウム[*7]に入学、第三級に入れられた。だが、ちょうどそのころ、わが家は大きな災難に見舞われ、ギムナジウムから大学へとつながるはずの年月にわたり、もはや援助を受けるわけにいかなくなった。そこで私はわずか三カ月でギムナジウムをやめて、町の実業学校に転じたところ、すぐに第二級に入れられた。一八三五年の復活祭[*8]には第一級にすすみ、翌三六年の春、十四歳で卒業。メクレンブルク＝シュトレリッツの小さな町フュルステンベルクの雑貨屋エールンスト・ルートヴィヒ・ホルツの店で働くことになった。

ノイシュトレリッツを発《た》つ数日前だった。一八三六年の復活祭の前の金曜日、私は宮廷楽師C・E・ラウエの店で偶然、ミンナ・マインケと再会した。五年以上も会っていなかった。私はあのときの——最後の出会いとなったあのときの——ことを決して忘れない。ミンナはいまや十四歳で、めだって大きくなっていた。簡素な黒い服を着ていて、その簡素さが並外れた美しさをなおのこと高めていた。ひと目見たとたん、二人とも大つぶの涙を流して、ひしと抱き合った。ひとこともいうことができない。何度も話そうとするのに、興奮が強過ぎてことばにならない。まったくひとことも、のどから出ない。まもなく両親がやってきたので別れなくてはならなかった——私は我に返るまで、かなりの時がかかった。

いまや、明らかだった。ミンナはなお私を愛してくれている。そう思うだけで勇気がみなぎった。その瞬間から私は無限の力を感じ、固く信じることができた。根《こん》かぎり励めば世の中で浮かび出ることができる。ミンナの前に胸を張って出ることができる。当時、私が神さまに頼んだ唯一のことは、こちらがひとかどの人物になるまで、ミンナをだれのところにも嫁《とつ》がせないでほしい、ということだった。

五年半のあいだ、私はフュルステンベルクの小さな雑貨店で働いた。最初の一年はホルツ氏、つづいてテオドール・ヒュックシュテット氏に当主が変わった。私の仕事は鰊《にしん》、バター、じゃがいも焼酎《じょうちゅう》、ミルク、塩、珈琲《コーヒー》、砂糖、オリーブ油、油脂ろうそくなどの小売り、それに醸造《じょうぞう》用のじゃがいもをつぶすこと、店の掃除といったことだった。ごく小規模の商《あきな》いであって、年間の総売り上げが三千ターレル程度。十か十五ターレルの売れ行きがある日は、特別の幸運日というものだった。*9 相手にするのは、いうまでもなく社会の最下層の人ばかり。朝五時から夜十一時まで働きづめで、勉強するための時間など、まるきりなかった。かてて加えて幼い頃から学んできたほんのわずかなことも、急速に忘れていく。しかし、学問への愛着だけはなくさなかった――断じてなくしたりはしなかった。そのせいもあって、あの酔っぱらいの粉屋、ヘルマン・ニーダーヘーファーが店にきた夜のことも、生あるかぎり、決して忘れないだろう。もともとは、レーベル（メクレンブルク）のプロテスタントの説教師の息子で、ノイルッピンのギムナジウムで学んだ男だった。卒業まぎわに品行不良のため放校処分を受けた。父は息子をギュストロヴの粉屋デットマン親方のもとにあずけた。二年間、辛抱《しんぼう》したのちは、粉屋渡世の旅ぐらし。境遇の不満から若くして酒に染まったが、しかしながら、かつてのホメロスを忘れていなかった。その夜、彼は私たちの前で百行にあまる詩句を朗誦《ろうしょう》してくれた。さながら熱っぽくうたいあげた。私にはそのひとことも理解できなかったが、音楽のようなことばに、強烈な印象を受けた。自分の境遇がせつなくてならず、ボロボロと涙がこぼれた。私はせがんで三度くり返してもらい、その礼に自分の全財産である数ペニッヒ[*10]をはたいて、焼酎三杯をおごった。そのときから私は、くり返し神さまに、いつの日かギリシア語を学ぶ幸せを与え給《たま》えと祈りつづけた。

この哀れな、展望のない仕事場から抜け出す道はどこにもないようだった。ところが突然、奇跡のようにして事情が一変した。重い樽を持ち上げようとして胸部を痛めたのである。血を吐き、もはやこれまでの仕事をつづけることができなくなった。絶望のあまり、私は徒歩でハンブルクへ行った。そこで運よく年額百八十マルクの職を見つけた。よろこびもつかのま、吐血と激しい胸部の痛みのため、力仕事が無理だとわかり、解雇を申し渡された。一週間ばかりで、ふたたび失職した。

もはやこれまでのような仕事はできない。しかし、働かなくてはならず、たとえ最底辺の仕事によってでもパンを稼ぎ出さなくてはならない。船に乗り組むのはどうかと考えて、船舶仲買人のI・F・ヴェント氏に推薦状を書いてもらった。私の死んだ母親の幼友達で、その親切のおかげで幸いにも小さな二本マストの帆船〝ドロテア〟号の船室づき給仕に採用された。船はヴェネズエラのラ・グアイラへ行く手はずになっていた。

それまでいつも貧しかったが、このときほど無一文であったことはなかった。なにしろ毛布を手に入れるために、一張羅《いっちょうら》の上衣を売り払わなくてはならなかったのである！

一八四二年十一月二十八日、順風に乗ってハンブルクを出港した。だが数時間後に風向きが変わり、まる三日間というもの、エルベ河のブランケネーゼ[*11]近くで風待ちをしなくてはならなかった。月が変わって十二月一日、ようやく順風に恵まれ、クックスハーフェン[*12]から公海へ乗り出した。ヘルゴラント沖[*13]にきたころ、風が西向きになり、十二月十二日まで風が変わらなかった。横風ですすまなくてはならず、実際のところ、ほとんど前進していなかった。おりしも十一日から十二日にかけての夜のことだが、激しい嵐《あらし》に見舞われ、テクセル島[*14]沖の土地のことばで〝大島〟と呼ばれるところで難破してしまった。ボートに乗り移って九時間あまり、荒れ狂う風雨に翻弄《ほんろう》されたのち、九人の乗組員は辛《かろ》うじて助かった。一つの大波がボートを、テクセルの海岸に近い砂州に投げ上げたのである。やっと死の危機から解放された。あのよろこびの一瞬を、私は神さまへの深い感謝をこめて、いまもってたえず思い出す。

投げ上げられたのがどこの海岸かはわからなかったが、ある〝見知らぬ国〟にいることはたしかだった。私には砂州の上から一つの声がささやきかけるような気がした。おまえのこの世の潮もまた高くうねっている。この嵐をいかさない手はないのだ――

同じその日に、私は声の摂理《せつり》をたしかめた。というのは、船長をはじめとした乗組員全員が、難破船もろとも所持品のすべてを失ったのに対して、私は下着や靴下、手帳、それにヴェント氏が用意してくれたラ・グアイラ宛《あ》ての推薦状をいれた小型のトランクを取りもどしたのである。それは波間にプカプカ浮かんでいて、なんなく引き上げることができた。

テクセルで領事のゾンダードルプ及びラム氏から手厚いもてなしを受けた。領事は一同をハンブルクへ送り返す手配をしてくれたが、私はきっぱりと断った。ドイツへもどるのは、再びあの無名の惨《みじ》めな生活にもどることであって、自分はこのたびの災難を天の配慮と考えており、オランダにとどまりたいと述べた。アムステルダムへ行って、兵士を志願するつもりだった。それというのも完全に無一文であって、さしあたっては、ほかに生計の道がなかったからである。私の懇願に応じて領事はアムステルダム行きの費用二グルデン＊15を引き受けてくれた。風は南に吹いていて、私の乗った小船はエンクハイゼン＊16で一日過ごしたのち、三日もしないうちにオランダの首都に着いた。

いで立ちがみすぼらしいので、航行中も惨めな思いをしたが、アムステルダムでも、さっぱり幸運の女神がほほえんでくれなかった。冬が始まっているのに、上衣も持たず、寒さに苦しめられた。兵士志願は、考えていたほどには迅速にすすまない。テクセルとエンクハイゼンで恵んでもらった数グルデンは、アムステルダム駐在のメクレンブルク領事クヴァック氏から贈られた二グルデンとともに、アムステルダムのラムスコイ通りにあるグラールマン夫人に宿泊代として召し上げられた。あり金すべてが底をついたとき、私は仮病をいいたてて病院にもぐりこんだ。このような惨状を救ってくれたのは、またしてもあの親切な船舶仲買人、ハンブルクのヴェント氏である。私はテクセルから手紙で難破のこと、及びアムステルダムで運をためしてみたいことを伝えていた。偶然にも私の手紙は、ヴェント氏が友人を招いて会食の宴《うたげ》を開いていたところに着いた。私を見舞ったあらたな不幸が紳士方の同情を呼び、直ちに寄付金が提案されて二百四十グルデンが集まった。氏はそれをクヴァック領事を通じて送るとともに、私をアムステルダム駐在のプロイセン総領事W・ヘプナー氏に紹介してくれた。総領事はまもなく、F・C・クイン氏の事務所に職を見つけてくれた。

新しい職場における私の仕事は、手形に印を押して、街で現金に換えたり、手紙を郵便局へ持っていき、また届いた郵便物を持ち帰るといった程度のことで、たいして手がかからない。その結果、なおざりにしていた勉強を始めるための時間ができた。

私はまず、きれいな字体を習得することから始めた。ブリュッセルの有名なペン字の先生マニエ氏に就いて二十時間学び、首尾よくこれをものにした。つぎに外国語、それも生きたことばにとりかかった。職場の地位を上げる効用もあるからだ。私の俸給は年額八百フラン[*17]に過ぎなかった。その半分を勉学にあてることにして、あとの半分で生計をまかなう。なんとか、かつかつながらやっていけた。月づき八フランの住居は暖房のない劣悪な屋根裏部屋で、冬は氷のように凍えたし、夏は燃えるような暑さに閉口した。朝食は裸麦のスープ、昼食は十六ペニッヒまでですませた。その悲惨さがむしろ勉強へと奮《ふる》い立たせたし、精一杯つとめさえすれば、ここから解放される見通しもあった。それに、はやくひとかどの人物になってミンナのもとへ行かなくてはならない。そのことを思うたびに、あふれるような勇気がわいてきた。

そんなわけで一所懸命、英語を学んだ。その際、困窮《こんきゅう》が発見を生んだといっていいような外国語習得法に気がついた。ごく簡単な方法であって、大きな声を出して原文を読む。訳をしない。毎日きっと一時間はあてる。そのことばで自分が関心のあることを書いてみて、先生に直してもらう。直してもらったのを暗唱する。つぎのときに前日直されたところを声に出していってみる。

私の記憶力は、子供のときから習練されてこなかったので、いたって弱かった。しかし、寸暇《すんか》をおしんで勉強をつづけ、そのための時間を盗みさえした。できるだけ正確な発音を身につけるため、日曜日になると英語の教会へ出かけていって、きちんと二度ずつミサを受けた。説教のあいだは一語一語、そっと小声でくり返した。使いに出るときは、たとえ雨が降っていようとも英語の本を持って出て暗唱した。郵便局で待たされるとき、必ず本を読んでいた。しだいに記憶力がよくなって、三カ月のちにはすでに、私の英語の先生であるミスター・テイラーとミスター・トンプソンに、毎日、授業中、文章を三度注意深く読みさえすれば、二十ページ分であれ、そっくり文字どおりに暗唱することができた。このようなやり方で私はゴールドスミスの『ウェークフィールドの牧師』と、スコットの『アイヴァンホー』を暗記した。よほど興奮していたのだろう、少ししか眠らず、夜に目が覚めると、夕方に読んだところをもう一度記憶のなかで復唱した。記憶力は昼よりも夜のほうがずっと集中しているので、夜の復唱は大きな効果があった。——以上である。なんぴとにも、この方法をおすすめしよう。このやり方によって私はわずか半年間のうちに、英語を完全にマスターした。

同じ方法をフランス語の勉強にも応用した。つづいて学び始めたことばであって、やはり、半年間で修了した。フランス語の場合、フェヌロンの『テレマックの冒険』と、ベルナルダン・ド・サン゠ピエールの『ポールとヴィルジニー』を暗唱した。このような過重なまでの頑張りのなかで、私の記憶力は一年たつと飛躍的によくなった。そのためオランダ語、スペイン語、イタリア語、ポルトガル語の習得は、いたって簡単だった。いずれも半年とかからないうちに、いとも流暢《りゅうちょう》に話し、書くことができた。

語学に熱中していたため、F・C・クイン事務所の勤めをかなりいいかげんにやっていた。いつまでも使い走りにとめおかれたのが、不満だったせいもある。上司は昇進を拒んだ。おそらく使い走りすら満足にできない者は、上のポストにはなおのこと適さないと考えたのだろう。

一八四四年三月一日にようやく幸運が訪れた。わが友、マンハイムのルイス・シュトルとブレーメンのI・H・バルラウク[*18]の斡旋《あっせん》により、アムステルダムのB・H・シュレーダー商会で通信員兼簿記係としての職を得た。当初の年収は千二百フランだったが、商会の人々は私の熱意をみてとり、年額八百フランの増額を申し出てくれた。この点、商会の人たちにいまも感謝しているところであって、それがまたつぎの幸運を生み出すもとになった。

ロシア語ができれば、もっと商会に貢献できると考えて、私はロシア語を学び始めた。方々でさがしてやっと手に入れたのは、古い文法書、辞書、それに『テレマックの冒険』の拙劣《せつれつ》なロシア語訳だった。あれこれ手をつくしたが、ロシア語の教師は見つけられなかった。ロシア副領事のタンネンベルク氏は授業をする意思がなく、アムステルダムには、ほかにロシア語ができる人はいなかった。そこで私は教師なしで始め、文法書によって数日のうちにロシア文字と発音を会得した。あとは旧来の自分の方法によった。

短い文章や物語をつくって、それを丸暗記する。書いたものを直してくれる人がいなかったので、明らかにひどいものだったが、同時に、『テレマックの冒険』のロシア語訳を暗唱し、その応用を通して、できるだけまちがいをしないようにつとめた。聞き手がいて、その人にテレマックの数々の冒険を物語ることができるなら、進歩が早いように思ったので、貧しいユダヤ人を雇うことにした。週四フランで、毎晩二時間、私のロシア語の朗誦《ろうしょう》に耳を傾ける。そのユダヤ人には、ひとこともわからないことばだった。

ふつうのオランダの家は壁の仕切りが板であって、一階にいても四階の話が聞きとれるほどだった。私の声高な朗誦に間借り人たちは音《ね》をあげて、家主に苦情を申し入れた。そのため私はロシア語習得までに二度にわたって住居を替えなくてはならなかった。しかし、私はへこたれず、六週間後にはすでに、最初のロシア語の手紙をワシリー・プラトニコフ宛てに書くことができた。モスクワでインド藍《あい》を一手に商っているM・P・N・マルティン兄弟社のロンドン駐在代理人である。私はこの代理人と、またインド藍の競売のためアムステルダムにやってきたロシア商人マヴェエフやフロロフとも、なに不自由なくロシア語で話すことができた。

ロシア語の学習を終えていたからである。これまで学んだことばで書かれている文芸作品を、きちんと読んでみたいと思った。

一八四六年一月のことだが、私は商会の代理人としてサンクト・ペテルブルグへ派遣された。その地で、またモスクワでも、最初の数カ月に、上司たちの期待をはるかに上まわる成績をあげた。それはB・H・シュレーダー商会に欠くことのできない人物として私の地位を安定させるとともに、自立した地位を確保してくれた。私は直ちに、先に述べたマインケ家の友人であるノイシュトレリッツ在のC・E・ラウエに手紙を書いた。これまでのすべての経歴を述べるとともに、私の名代としてミンナに結婚の申し込みを頼んだのである。

ひと月して返事がきた。何ということだろう、ほんの数日前にミンナはほかの人と結婚したというのだ。当時の私には、それは人生において遭遇するなかでもっとも手ひどい運命の一撃だった。落胆のあまり何をする気にもならず、腑抜《ふぬ》けのようにぼんやりしていた。幼い頃、ミンナと過ごしたさまざまなことを、つぎからつぎへと思い返した。ともに語った夢のこと、そして夢のような計画のこと。ようやくそれを実現できる戸口に立ったのではなかったか。ミンナとともにでなくて、どうしてできたりするだろう？　さらに私は自分を責め立てた。ペテルブルグへ赴任するとき、なぜすぐに結婚を申し込まなかったのか――とはいえ、自分にもよくわかっていた。もしそんなことをしようものなら、笑いものになっただけだ。アムステルダム在の一介の雇われ人にすぎず、雇い主の気分しだいでどうにでもなるような不安定な地位だった。ペテルブルグで成功する保証はなく、成功と同じ確率で失敗することもありえたのである。

ミンナはほかの男のもとで幸福になるだろうか。それは私がほかの女性を妻にするのと同様に考えられないことだった。十六年間も、熾烈《しれつ》に求めつづけ、ようやく願いが叶《かな》ったと思った瞬間、まさにこのときに邪悪な運命の一撃をくらうとは、なんという皮肉だろう。夢みつつ語り合ったのと同じように進行したのだ。どちらからともなく求め合って、やっと手に入れたと思った一瞬、永遠にこぼれてしまった。当時、ミンナを失った悲しみは、一生のあいだ克服できないだろうと思っていた。しかし、時はすべてを癒《いや》すものだ。それはゆっくりと私の心に働きかけてきた。失ったものへの悲しみは変わらなかったが、ともあれ商人としての活動に、ふたたび邁進《まいしん》することになった。

ペテルブルグ滞在第一年目から、取引は幸運に恵まれ、一八四七年初頭に早くも私の名前は、主だった商人の属する商業組合《ギルド》に登録された。独立した活動のかたわら、アムステルダムのシュレーダー商会とは良好な関係をつづけており、結局のところ、私は商会の代理人を十一年近くにわたって兼務することになった。インド藍については、アムステルダムでいろいろ知識をつけたので、取引をもっぱらこの商品に集中することになった。

弟のルートヴィヒ・シュリーマンは一八四九年の初めにアメリカのカリフォルニアに行ったきりで、さっぱり音沙汰《おとさた》がない。翌五〇年の春、私が出向いたところ、すでに死亡していた。しばらくカリフォルニアにとどまっていたところ、同じ一八五〇年七月四日、カリフォルニアは一個の「州」として独立した。その日、同州に滞在している人間は、「ソノ事実ニヨリ」アメリカ人と認定されるということなので、私も合衆国の市民権を得た。

一八五二年の年の暮れ、モスクワにインド藍の卸しのための支店を設立し、アレクセイ・マトヴェイエフ氏に最初の代理人となってもらった。その死後は走り使いをしていたユチェンコを昇格させ、ついては第二組合所属の商人として登録の手筈《てはず》をとっ

た。支配人が、役に立つ走り使いになることは決してないが、有能な走り使いは、し

ばしばよき支配人になるからである。

ペテルブルグでは仕事に追われていて、語学の勉強をつづけるわけにはいかなかった。暇がとれるようになったのは一八五四年になってからのことで、スウェーデン語、ついでポーランド語を習得した。

私はくり返し、まことに不思議な方法で神の摂理に守られた。一再ならず、偶然にも破滅から救われた。ついては一八五四年十月四日の朝を、生涯忘れないだろう。おりしもクリミア戦争[19]が始まっていた。ロシアの港はすべて封鎖されていたので、ペテルブルグ向けの商品はまずプロイセンの港ケーニヒスベルクかメーメル[20]に船で運び、ついで陸便で移送しなくてはならなかった。そんなわけで私はインド藍を詰めた百もの木箱、並びにその他大量の商品を、当方の責任によりアムステルダムから二隻の貨物船でメーメルの代理人マイヤー商会へと送ったのである。そこから陸路ペテルブルグへ運ぶ予定だった。私はアムステルダムのインド藍の競売に立ち会ってから、荷物の移送を監督するためにメーメルへ向かった。ケーニヒスベルクのド・プリュス・ホテルに泊まった。翌朝、寝室の窓からなにげなく外を見たところ、近くの〝緑の門〟を飾っている塔に、大きな金文字で、つぎのような不吉な銘があるのに気がついた。

運命ノ面貌《カオ》ハ月ト同ジク
満ツレバ欠ケテ定マルヲ知ラズ

私は迷信とは縁のない人間だが、なぜかこの銘に強い印象を受けた。大きな災難が近づいているような気がして、なにやらゾッとするものを覚えた。郵便馬車でさらに旅をつづけたところ、ティルジト駅のつぎの駅で驚くべきニュースを耳にした。昨日、メーメルで大火事があり、町のことごとくが焼失したという。

到着して、それが事実であることをたしかめた。目の前にあらわれたメーメルの町は、まるで巨大な墓地であって、煙でまっ黒になった壁や煙突が、大きな墓石さながら、すでに地上にあるものの虚《むな》しさを暗く象徴するかのように突っ立っていた。絶望に打ちひしがれつつ、私は煙をあげている廃墟《はいきょ》のなかでマイヤー氏をさがしまわった。ようやく見つけて——そして商品のことをたずねたところ、彼は答えるかわりに、なおも黒煙をあげている倉庫を指さした。

「あのなかにあります」

ガックリとした。八年半ものあいだ、夜昼となく働いて、ペテルブルグに十五万ターレル相当の財産をつくりあげた――だが、いまやすべてが失われた。とはいえ、いつまでも呆然《ぼうぜん》としているわけにはいかない。事実を見きわめ、破産がはっきりしたことで落ち着きをとりもどした。

負債があるわけではないと思うと、気持ちが安らいだ。クリミア戦争が始まったばかりのころで、取引の雲行きがあやしかった。そこで私は現金売買にかぎっていた。ロンドンとアムステルダムのシュレーダー商会は、きっと信用取引に応じてくれるだろう。そうこうするうちに、失ったものを取りもどせるにちがいない。

その日の夕方、私は郵便馬車でペテルブルグへ向かうつもりだった。同じ馬車の乗客に、自分の災難を話したところ、突然、まわりの一人が私の名をたずねた。そして返事を聞くと、叫びをあげた。

「シュリーマンなら、何もなくさなかった。ただ一人の幸せ者です！　私はマイヤー商会の主任なのですよ。シュリーマンの商品を積んだ貨物船が入港したとき、私どもの倉庫は満杯でしたから、やむなくとなりに応急の小屋を建ててそこに入れたのです。その小屋だけが燃えなかった」

深い悲しみから大きなよろこびへの突然の変化は、当然のことながら、涙なしにはすまなかった。私はしばらく、あっけにとられて突っ立っていた。夢のような気がした。だれもが破滅に見舞われたなかで、自分だけが免れるなんて！　とても信じられないことながら、たしかにそうだった。なんとも不思議でならなかったのは、町の北側にあるマイヤー商会の大きな倉庫から火を出し、激しい北風にあおられて町全体を舐《な》めつくしたのに、その倉庫からほんの数歩北寄りにあった粗末な木造の小屋だけが無傷でとどまったことである。

幸いにも災厄を免れた商品を売って、私はすこぶるわりのいい商いをした。売り上げ金をそっくり投資にまわして、手早く何度もそれをくり返して、インド藍、染料用木材、戦時品（硝石《しょうせき》、硫黄《いおう》、鉛）により、大きな利益を得た。クリミア戦争のあいだ、大半の投資家がへっぴり腰だったなかで、私は大胆に取引をくり返し、一年にして自分の資産を二倍以上にふやすことができた。

かねてからギリシア語が習いたくてならなかったが、クリミア戦争の前までは、手を出さないように自分にいい聞かせていた。このすてきなことばの魔力にとらわれて、商人としての関心が鈍るのを恐れたからだ。あえて自分にいい聞かせるまでもなく、戦争中は仕事に忙殺されて新聞を読むことさえままならず、ましてや本を開く暇などさらさらなかった。しかし、一八五六年一月に和平の知らせがペテルブルグに舞いこんだとき、願いをもうこれ以上に押し殺すこともないと考え、直ちに大いなる熱意をもって、ギリシア語の勉強にとりかかった。最初の先生はニコラオス・パパザキスといい、二人目はセオクリトス・ヴィンポス氏が引き受けてくれた。ともにアテネの生まれで、二人目の先生はのちにアテネの大主教になった。

またもや、あのおなじみの方法をとった。私にはギリシア語の単語はロシア語よりもさらにむずかしいような気がした。それを短期間にわがものとするため、現代ギリシア語訳による『ポールとヴィルジニー』を手に入れて読んでいった。読みながら注意深く、一語一語を、フランス語の場合の同じ意味の単語と比較した。最初に読み終わったとき、少なくとも出てきた単語の半分を覚えていた。この手続きをくり返すうちに、ほとんど全部を覚えてしまった。その際、辞書を開いて時間を浪費することなど、一分たりともしなかった。このようにして、六週間という短期間のうちに現代ギリシア語の困難を克服した。ひきつづいて古代ギリシア語にとりかかり、三カ月たったときには古代ギリシアの作家、とりわけホメロスを読むにたるだけの力をそなえていた。ホメロスはそれからも感激を味わいながら、くり返し読んだ。

以後二年間というもの、もっぱら古代ギリシア文学に親しんだ。この間、ほとんどすべての古典作家に目を通し、とりわけ『イリアス』と『オデュッセイア』を熟読した。ギリシア語の文法のうち、わざわざ勉強したのは名詞の変化、及び動詞の規則・

不規則変化だけである。貴重な時間を、小うるさい文法にとられるなどのことはしなかった。ギムナジウムでは古典語に八年か、それ以上をかけ、退屈きわまる文法規則で苦しめられ、痛めつけられる。その結果といえば、手ひどいまちがいだらけを書きなぐるのがやっとである。私は確信しているのだが、学校の学習方法はまちがっている。私の考えによれば、実地の練習、つまり、古典的な散文を注意深く読み、それを暗唱することによってのみ、文法そのものをわがものにすることができる。私はすこぶる単純なこの方法によって、古典ギリシア語を生きたことばのようにして学んだ。だからすらすら書くことができるし、どんなことであれ表現できるし、忘れることもない。文法規則にも通じている。ただ、それが文法書にあるかどうか関知しないだけの相違であって、もしだれかにまちがいを指摘されたとしても、直ちに古典作家を引用して、それが正しい表現であるしだいをいうことができる。

この間、ペテルブルグとモスクワにおける商売は、きわめて順調だった。私は商人として慎重で、用心深かった。一八五七年の暴落[*21]と、これに引きつづいたひどい状況のとき、たしかに多少の損失はこうむったが、それもさしたるものではなく、年間を通してみると、最終的には利益をかちとっていたのである。

一八五八年夏、私は二十五年近く休んでいたラテン語の勉強を再開した。指導を仰いだのは尊敬する友人、ペテルブルグのルートヴィヒ・フォン・ムラルト教授である。現代ギリシア語と古典ギリシア語をマスターしたあとであってみれば、ラテン語は何ほどの苦労もいらず、まもなく修了した。

いまの自分は十分必要な資産を手に入れたのであって、商売から完全に身を引くべきときだと思った。そこで旅に出た。まずスウェーデン、デンマーク、ドイツ、イタリア、エジプトを訪れた。エジプトではナイル河をヌビアの第二瀑布《ばくふ》*22まで足をのばした。それはアラビア語を学ぶのに願ってもないチャンスを与えてくれた。カイロの砂漠を横断してイスラエルへ行った。さらにペトラ*23からシリアを横断した。アラビア語の知識を実地にためしてみるのにいい機会ができた。より立ち入った勉強は、ペテルブルグにもどってから始めた。

シリアから帰国後、翌五九年の夏にはスミルナ、キクラデス諸島*24、アテネを訪ねた。ついでイタカ*25の島に向かうはずが、マラリアにかかって断念した。ほぼ同時にペテルブルグから知らせが届いた。商人ステパン・ソロヴィエフのことであった。破産して、約束の支払いができないというのである。私に対する巨額の負債を四年以内に清算する旨《むね》、契約書を取り交わしていたのだが、初年度の年賦《ねんぷ》を期日内に払わないばかりか、彼は商業裁判所に訴訟を起こした。直ちに私はペテルブルグにとって返した。空気が変わって、熱病は退散、裁判のほうも短期間のうちに勝訴した。ところが相手は、控訴の手段で抵抗してきた。上級裁判所では判決までに三年から四年かかるのが慣《なら》わしだったし、本人が必ず出廷しなくてはならない。そこで私は心ならずも再び商売に身を入れることになった。しかも、このたびは以前とちがい、扱い高がぐんと大きい。一八六〇年五月から十月の間に、私が輸入した商品高は一千万マルクをこえていた。インド藍とオリーブ油のほか、一八六〇年から六一年にかけては木綿も扱って多くの利益を得た。アメリカの南北戦争[*26]のせいで南方の港が封鎖されたのが幸いした。木綿があまりに高騰したあとは紅茶にくら替えした。海路による輸入が一八六二年五月以来始まっていた。同年の冬から翌春にかけてポーランドで革命が起きた。ユダヤ人は、革命にともなう混乱に乗じて多大の量の紅茶をロシアに密輸入し始めた。高い関税を払っているこちらは、とてもユダヤ人に太刀打ちできず、やむなく紅茶市場から撤退した。そのとき私は六千箱を備蓄していたが、利のうすいのを承知で手ばなした。

神はこののちも、商人としての私の事業に恵みの眼差《まなざ》しをくださった。一八六三年暮れのことだが、私はいまこそ理想に立ち向かうときだと思った。幼い頃からはぐくんできた夢を思うさま追っかけよう。商人生活に明け暮れている間も、私はついぞトロヤを忘れなかった。一八三〇年に父やミンナと約束した発掘のことを、ずっと心に刻んでいた。いかにも金儲《かねもう》けに専念していた。しかし、それはひとえに手段を確保して、それでもって人生の大目標を追求したかったからである。ソロヴィエフとの味けない裁判のあいだ、仕事と気晴らしが必要であって、それでいやいやながら商売をつづけてきたまでだった。一八六三年十二月、上級裁は控訴を却下、ソロヴィエフが最後の年賦を支払ったのに際し、私は直ちに事業の清算にとりかかった。しかし、考古学に身を捧《ささ》げ、宿願を実現するのに先立ち、もっと世界を見ておきたいと思った。そこで一八六四年四月、チュニスへ行った。カルタゴの遺跡[*27]を目に収め、さらにエジプトを経由してインドに行った。つづいて順に、セイロン、マドラス、カルカッタ、ベナレス、アグラ、ラクナウ、デリー[*28]、ヒマラヤ山脈、シンガポール、ジャワ、インドシナのサイゴン[*29]を訪れた。中国には二カ月滞在した。香港、広東《カントン》、廈門《アモイ》、福州《ふくしゅう》、上海、天津《てんしん》、北京を回り、万里の長城を実見した。それから日本の横浜《よこはま》と江戸《えど》を訪れた。さらにそれから小さなイギリス船で太平洋を横断し、カリフォルニア州サンフランシスコに着いた。五十日にわたる航海中に、私は最初の著作にあたる『中国と日本』を書いた。

サンフランシスコからニカラグアを経由してアメリカ東部へ赴いたが、このときはしばしば徒歩をもってした。ハヴァナからメキシコシティへ行き、一八六六年の春になって、ようやくパリに落ち着いた。この後はときおり、短期間のアメリカ旅行に出かけた以外、すべて考古学に身を献じた。

＊1　現在のドイツ北部にあった国。ノイブコウはその中央北部、アンカースハーゲンは東南部にあった。

＊2　ヘルクラネウム、ポンペイはともに、西暦七九年のヴェスヴィオ火山の噴火によって火山灰に埋もれた古代ローマ帝国の都市。

＊3　古代ギリシアの詩人。ギリシアとトロヤの戦争（トロヤ戦争）のなかの一事件を題材にした『イリアス』などで知られる。

＊4　トロヤの武将で、トロヤ滅亡後にイタリア半島へ逃れたという。アイネイアースとも。

＊5　メクレンブルク＝シュヴェリーン大公国のやや南東に位置する、メクレンブルク＝シュトレーリッツ大公国の首都。現在のドイツ北部にあった。

＊6　ホメロスの『イリアス』や『オデュッセイア』で描かれた、トロヤ戦争前後の英雄の冒険譚。

＊7　大学進学のための、七〜九年制の学校。

＊8　イースター。春分の日の後にくる満月の後の日曜日。三月下旬～四月下旬ころ。
＊9　ドイツで使われた通貨単位。
＊10　一マルクの百分の一。マルクはドイツで使われた通貨単位。
＊11　ハンブルクからエルベ川に沿って十五キロメートルほど下流にある都市。
＊12　エルベ川の河口にある都市。
＊13　ヘルゴラント島はクックスハーフェンから六十キロメートルほど沖合の島。
＊14　ヘルゴラント島の南西、オランダのアムステルダム近くにある島。
＊15　オランダで使われた通貨単位。
＊16　テクセル島からアムステルダムへ向かう航路の途中にある町。
＊17　フランスで使われた通貨単位。
＊18　マンハイムはドイツ南西部、ブレーメンはドイツ北西部の都市。どちらも商業が盛んだった。
＊19　一八五三～五六年にかけて起こった、ロシアと連合国軍（トルコ、イギリス、フランスなど）による戦争。現在のウクライナ南端にあるクリミア半島が戦場となった。
＊20　ケーニヒスベルクは、バルト海に面するプロイセンの都市で、現在のロシア領カリーニングラード。リトアニアとポーランドの間に位置する飛び地にある。メーメル

は、同じくバルト海に面するプロイセンの都市で、現在はリトアニアのクライペダ。
＊21　アメリカに端を発しヨーロッパを巻き込んだ、世界規模の金融恐慌。
＊22　現在のエジプトとスーダンの国境付近。
＊23　現在のヨルダンに遺跡が残る古代都市。
＊24　スミルナは、現在のトルコのイズミル。古代ギリシアの都市で遺跡が残る。キクラデス諸島は、ギリシアの南東、エーゲ海に広がる二百以上の島々。
＊25　イタ－キとも。ギリシア南西にある島。
＊26　一八六一～六五年にかけて起こった、アメリカの内戦。アメリカ南部で大量生産されていた木綿の輸出が滞り、木綿の相場が高騰した。
＊27　現在のチュニジア北部、地中海に面するチュニスに残る遺跡。地中海貿易で栄えた古代フェニキアの都市。
＊28　セイロンはインド南東に位置する、現在のスリランカ。マドラス・カルカッタ・ベナレス・アグラ・ラクナウ・デリーは、いずれもインドの都市。マドラスは現在のチェンナイ、ベナレスは現在のワーラーナシー。
＊29　現在のベトナムのホーチミン。一八八七年より、ベトナム・ラオス・カンボジアはフランス領インドシナとなった。

訳者コラム

# シュリーマンの日本滞在記

シュリーマンは幕末の日本を訪れた。ひと月ちかく滞在、持ち前の行動力と好奇心から、さまざまなものを見てまわった。『自伝』では「……それから日本の横浜と江戸を訪れた」の一行があるだけだが、最初の著書『中国と日本』には、開国を目前にして、風雲急を告げるサムライ・ニッポンの姿が、なまなましく書きとめてある。

一八六五年六月一日、東洋汽船の「北京丸」で上海を出港、二日後に富士山《ふじさん》が見えてきた。シュリーマンは当時のお粗末な地図を持参していたのだろう、「標高四七二五メートル」と記している。

同日夜十時、横浜着。

「翌六月四日の朝、わたしは上陸のために早く起床した」

トロヤのシュリーマンと同じである、一刻も早くわが目でたしかめたくてたまらない。艀《はしけ》に乗り込んだところ、ふんどし一つの男が前後で櫓《ろ》を漕《こ》いでいた。その全身の入れ墨《ずみ》に目をみはった。首から膝《ひざ》にかけて赤や青の彩色で、龍《りゅう》や虎《とら》、獅子《しし》、あるいは男女の神々が描き込んである。シュリーマンは遠い昔、父にラテン語を手ほどきされていたころのことを思い出したのではあるまいか。カエサルがブリタニア人について語ったくだりを引いている。「もし彼らが衣服を身につけていないとしても、少なくとも彼らは見事に描かれているだろう」。

ちょんまげ、丸まげ、お歯黒《はぐろ》といったものを、興味深くながめている。日本人はハンカチを用いず懐紙《かいし》を使う。「肘《ひじ》から袖《そで》先にむかって拡がった着物の袖にポケットをもち、その中に洟《はな》をかむための吸取紙」を入れている。使用は一枚で一度きり。いたって衛生的である。シュリーマンはふと思った。ヨーロッパ人が何日間も同じハンカチをポケットに持ち歩いているのを見れば、日本人は嫌悪の念を覚えるのではあるまいか。

このドイツ人には日本人の風呂《ふろ》好きが、とりわけ印象深かったようだ。老いも若きも、どんな貧しい者でも、一日に一度は風呂に通う。シュリーマンはいたるところで銭湯を見つけ、目を丸くした。「日本人は疑いもなく、世界で最も清潔な国民である」。一つの湯船に男女がこともなげに混浴している。東洋の島国で「禁断の実を食べる以前のアダムとイヴ」を見つけた。シュリーマンは、美術史家ヴィンケルマンが、古典ギリシアの美をたたえたときのことばを借りて感嘆している。

「何と聖なる単純さだろうか！」

一八六五年は慶応元年にあたる。その前年、新撰組《しんせんぐみ》が池田屋《いけだや》を襲撃した。長州《ちょうしゅう》兵が京都で幕軍と衝突、世にいう「禁門の変」が起こる。幕府はイギリスほか四ヵ国と「横浜居留地覚書」に調印。シュリーマンは、まさにその居留地にいたわけだ。翌慶応元年、将軍家茂《いえもち》は老中以下を従えて入京した。将軍の親征はこの二世紀半に及んでなかったことで、家康《いえやす》の関《せき》が原《はら》出陣にならい、家茂は陣笠《じんがさ》をかぶり、錦の陣羽織《じんばおり》、小袴《こばかま》をつけ、馬に跨《また》がって江戸を出た。金扇に銀の三日月の馬標《うまじるし》が先頭をいく。老中、若年寄以下、幕臣、諸藩兵がこぞって随行。

前代未聞の大行列であって、東海道《とうかいどう》一円にお触《ふ》れが出た。すべての店の戸口を閉めよ。行列が完全に通過するまで、なんぴとも家を出てはならない。外国人の参列は、もとより禁止。だが、江戸のつねで、ひそかに例外がもうけてあったようだ。シュリーマンは一時間半ほど歩いて「外国人に用意された木立ちの繁み」にまぎれこみ、将軍入京の大パレードをつぶさに見物した。観察は、すこぶるくわしい。竹竿《たけざお》に荷物を通して担いでいく奴《やっこ》たちにはじまって、陣笠組、高級士官、貴紳団の面々の、衣服、持ち物、武具など、ことこまかに書きとめている。「かくして、ついに大君が、他の馬のように蹄鉄《ていてつ》を打たずに麦藁《むぎわら》のサンダルをつけた立派な栗毛色の馬に乗って登場した」。「将軍」にはカッコして「俗界の事実上の皇帝」と注がついている。二十歳ぐらいで、いくぶん色黒、端正な面だち、金糸の刺繡《ししゅう》入りの衣服をまとい、黄金箔《はく》のほどこされた漆《うるし》塗りの帽子をかぶり、二本の刀を差している。

翌朝、シュリーマンが東海道に来てみると、三個の屍体《したい》がころがっていた。うっかり前に出てきた農民がいて、士官が下士官に斬《き》りすてるように命じたところ、それが実行されない。激怒した士官が、農民もろとも下士官の首を刎《は》ねた。高級士官が取り調べ、激怒した士官の断罪を通告、一撃でとどめをさすように命じた。シュリーマンは深い驚嘆を込めて書いている。

「それは一瞬にして断行された。こうして三個の屍体はそのままこの大街道に打ち捨てられ、放置され、その上を千七百名からなる行列は、悠然と、また平然と通過していったのである」

このあとシュリーマンは「絹の町」八王子《はちおうじ》を三日がかりで訪れた。江戸の骨董《こっとう》屋をのぞいたが、値段をふっかけられたので買うのはやめにした。浅草《あさくさ》の見世物では独楽《こま》まわしの名人芸に唖然《あぜん》とした。アメリカの興行師バーナムに進言してみるのはどうかなどと、大まじめに考えたようだ。「ヨーロッパやアメリカでの興行は必ずや全文明世界の正当な賞讃《しょうさん》をえて、彼に毎年、相当の利益を上げさせるであろう」。

日本を発つ数日前、たぶん、暗い灯の下でだろうが「日本文明論」をつづっている。「文明を物質文明として理解するなら、日本人は非常に文明化された民族だといえよう」。そんな考察が、やがて通商の不均衡に及び、そのなかで「あっという間」に一財産を築きあげたハノーヴァー生まれの貿易商のことに移っていくのが、いかにもシュリーマンらしいのだ。

七月四日、イギリス船「エイボン号」に乗ってサンフランシスコに向かった。

（参考図書／シュリーマン著『日本中国旅行記』藤川徹訳・雄松堂書店）

# 第二章 イタカ、ペロポネソス、トロヤへの最初の旅

1868—1869

「いよいよ人生の夢が実現できる。あれほど深い関心をかきたてた出来事の舞台、子供心を魅惑し、慰めた英雄たちの祖国。それをいまや心ゆくまで訪ねることができる。一八六八年四月、私は勇躍、出発した。ローマ、ナポリを経由してコルフ、ケファロニアからイタカ[*1]に着いた。イタカを徹底的に調査した」

土地の人々はイタカのアエトス山[*2]を、峰のまわりに古代の壁が走っているため、〝オデュッセウスの砦《とりで》〟と呼んでいた。どうしてここを最初の発掘場所に定めたのか、どのような考えがあってのことか、ハインリヒ・シュリーマンは著書『イタカ、ペロポネソス、及びトロヤ』のなかで述べている。

「アエトスの頂きは、大石が水平に敷きつめてあった。しかし、そこここに、数メートルにわたって茂みや雑草があるところをみると、土があるのは明らかだ。直ちに私は、条件が許すかぎり、どこからでも掘ってみようと決意した。しかし、そのときは道具をもっていなかったので、やむなく調査を翌日に延期した。

耐えがたいほど暑かった。温度計は摂氏五十二度を指していた。焼けつくようなのどの渇きを覚えたが、水もワインも持参していなかった。しかし、オデュッセウスがいた宮殿の遺構のただなかにいるという感激はあまりにも大きく、暑さも渇きも忘れていた。地形を調べ、つぎには『オデュッセイア』を開き、感動的なシーンの描写にあたってみた。まさにその舞台にちがいない。つぎにはまた、まわりのすばらしい景観に見とれていた。その雄大なパノラマは、一週間前にシチリアで、エトナの山頂[*3]から眺めたものにいささかも劣らなかった。

明けて七月十日、私は海で水をあびたのち、宿をとった村を出た。早朝五時、四人の作業員とともに出発。七時ごろ、汗まみれになってアエトスの山頂に着いた。まず作業員に茂みを根ごと引き抜かせた。それから北東の角から発掘を始めた。私の推測によれば、そこにはとてもすてきなオリーブの木があったはずで、その木でオデュッセウスは婚姻のベッドをつくり、そこに自分の寝室を建てた（『オデュッセイア』第二十三歌一八三〜二〇四句）。

『内庭の中に、まるで柱のように太い、見事に成長した細長い葉のオリーヴの木の繁みがあった。この木を囲んでしっかりと石を積んで、寝室を造り終えると、上に屋根をつけ、ぴたりと合う観音開きの扉をつけた。そうしておいて、長い葉のオリーヴの枝を切り落し、根のほうから幹を刈り込んでから、手斧《ちょうな》で巧みによく削り、墨縄に合わしてまっすぐにし、寝台の柱を造り上げ、錐《きり》ですっかり孔《あな》をあけ、そこからはじめて、黄金や白銀や象牙《ぞうげ》をちりばめて寝台が出来上がるまで、それにかかり、枠の中に紫に輝く牛の皮の紐《ひも》を張った』(『オデュッセイア』〈筑摩書房刊、世界古典文学全集『ホメーロス』〉高津春繁訳より)

レンガと壺《つぼ》状の破片が見つかっただけで、六十六センチ掘り下げたとき、岩にいき当たった。岩にはいくつも裂け目があって、オリーブの木の根が入りこんでいたかもしれないと思わせたが、しかし、考古学的な何かを期待するのは無理だった。

隣接地に場所を移した。二つの切り石が見つかったからである。それは壁の一部のように思われた。三時間ばかり掘りつづけると、小さな建物の側面があらわれた。石は丁寧に削られていて、継ぎ目をセメントでしっかりと固めていた。明らかに後代のもので、ローマ時代と思われた。

発掘は作業員たちにまかせ、私は目を皿のようにして宮殿跡を見てまわった。そのうち一つの厚ぼったい石を見つけた。端が小さくカーブしているような気がしたので、ナイフで土を取りのぞくと、半円形であることがわかった。ナイフでなおも掘りつづけると、まもなく、円形をしていて、一方に小石を積み上げてつくった層にいき当たった。いわば小円の壁である。はじめ私はナイフで壁のなかのものを掘り出そうとしたが、うまくいかなかった。そこの土は白い石灰化した骨灰《こつばい》のようなものとまじり合って、石のように硬かったからである。鍬《くわ》に替えて掘っていったところ、十センチほどのところで、美しくはあるが非常に小さな、人間の灰をつめた壺をこわしてしまった。細心の注意を払って掘ることにして、まもなく奇妙な形をした、大小さまざまの壺を二十ばかり掘り出した。あるものは横になっていた。立っていたのもある。取り出そうとして、土が硬いことと、ふさわしい道具をもっていなかったため、残念ながらおおかたを壊してしまい、無傷のまま取り出せたのは五つにとどまった。一番大きなものでも高さ十一センチにみたない。そのうちの二つには実に美しい絵がついていたが、地中より引き出されて太陽を見たとたん、その絵はほとんど消えてしまった。ほかに私はこの小さな家族墓地で、ひどく錆《さ》びをおびた犠牲《いけにえ》用小刀の曲がった刃や、口に二本の笛をそえた陶製の女神像を見つけた。さらに鉄刀の一部、いのししの角、小さな動物の骨、それに期待どおり、青銅の線をよじり合わせてつくった柄《つか》を見つけた。青銅に銘でも入っていればうれしいのだが、残念ながら、いくらひねりまわしても見つからない！

そのため年代は決めかねたにせよ、壺の類《たぐい》はナポリ博物館にあるクマエ出土*4の最古のものより古いことは確実だった。とすると、見つけ出した五つの小壺に、オデュッセウスとペネロペ（オデュッセウスの妻）、あるいは彼らの子供の骨灰が入っていると考えても、あながちまちがってもいないのである」

シュリーマンにとって、いかにホメロスが親しい人物であり、また彼がどれほど自分の発見物の幸運を信じていたかがみてとれる。トロヤとミケネの財宝といき合うのは七年後であって、そのあとであったなら、イタカの支配者の墓を、こんなにつつましやかなものと考えなかったにちがいない！

この日の報告は、さらにつぎのようにつづいている。

「じりじり照りつける太陽のもと、五十二度の暑さのなかの発掘作業なのだ、のどが渇いてたまらない。私たちは三つの大きな水がめと、四リットル入りのワインの大瓶《おおびん》をもってきていた。イタカの地ワインはボルドー産より三倍も強いので、ワインのほうは十分だったが、水はとてもたりず、二度にわたって水がめで運んできた。

四人の作業員がホメロス後の家屋発掘を終えたころ、私も小さな円形墓地の調査を終了した。私のほうが収穫が多かったからといって、作業員を非難するつもりはない。ずいぶん熱心に働いてくれた。イタカはいまや千年の眠りから覚めたのであって、これを地上の埃《ほこり》がふたたび覆いつくすには、さらに千年の歳月が必要なのではあるまいか。

昼になった。私たちは朝の五時から何一つ口にしていなかった。頂きから十五メートルばかり下にオリーブの木があったので、その下で食事をとった。乾パンとワインと水だけ、しかもその水ときたら、優に三十度はあっただろう。私にはイタカの土地のもたらしたものこそ何よりのご馳走《ちそう》であって、しかもその土地はオデュッセウスの館《やかた》の庭かもしれない。オデュッセウスが二十年ぶりに帰還したとき、愛犬アルゴスはよろこびのあまりに死んでしまい、主人の涙をさそったが、まさにあの内庭かもしれなかった。神託の豚飼いが、あの有名なことばを口にする当の場所だ。

『とどろきわたる声のゼウスは、ひとたび人を奴隷の境涯に落せば、その徳の半ばを奪い給《たま》うからだ』（前出『オデュッセイア』高津春繁訳より）

オデュッセウスの館の食事は、いかにも粗末なものであったが、私は生涯を通じて、これほど激しい食欲でもってたいらげたことはない。

食事のあと、作業員たちは一時間半ばかり休息をとった。その間、私はなたを手に、外壁のあいだの建物跡を入念に調べてまわり、地形がゆるすかぎり、発掘の必要がありそうだと思われるところにしるしをつけていった。二時に作業を再開した。五時までつづけたが、目ぼしい発見はなかった。翌朝、またあらためて発掘する予定だったので、道具はそのままにして、夜の七時、ヴァティ[5]にもどった」

イタカをくまなく踏査して、シュリーマンは島の地形が『オデュッセイア』の描写と一致することを確認した。むき出しのキュクロペス式城壁[6]にエウマイオスの厩舎《きゅうしゃ》を見つけ、海辺ではニンフの鍾乳洞《しょうにゅうどう》に行き合わせた。ファイエケス人が、眠っているオデュッセウスをそのまま寝かせておいたあの洞窟《どうくつ》である。つづいては「ラエルテスの野」にいたりつく。

「まもなく私はラエルテスの野にきたので、腰を下ろして休息のかたわら、『オデュッセイア』の第二十四歌を読み始めた。イタカの首都に外国人がやってくること自体が一つの事件であって、ましてや田舎では前代未聞のことであった。私が腰を下ろすやいなや、村人たちがわんさとやってきて、口々に問いかける。問いに答えるよりも、『オデュッセイア』の二〇五句から四一二句まで読んで聞かせるほうが賢明なように思えたので、土地のことばに移しながら声高に読みあげた。人々の感激は大変なものだった。雄渾《ゆうこん》なホメロスのことば、栄光ある三千年前の先祖のことばを通じて、しかも語られているのと同じところで、老いたラエルテス王の悲しみを聞いたのである。そしてまさにその同じ現場で、死んだと思っていた息子オデュッセウスと二十年ぶり

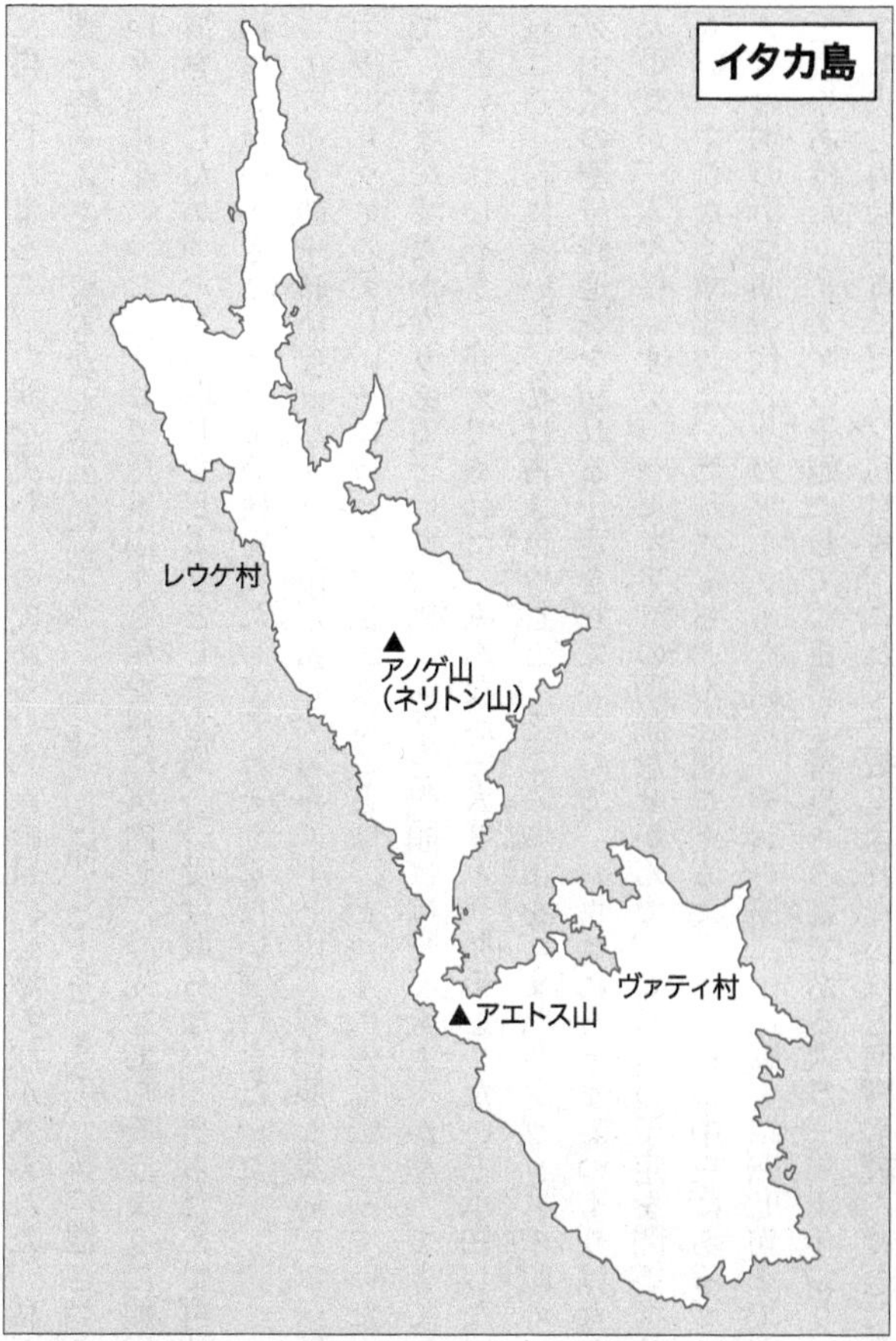


(『イタカ、ペロポネソス、及びトロヤ』をもとに作成)

に再会し、よろこびの涙を流したのである。人々の目に感激の涙があふれた。私が朗読を終えると、男も女も子供たちも、いっせいに押しよせてきて、私に抱きつき、口々に礼をいった。そして意気揚々と私を村に案内して、先をあらそうように親愛の情を示したがった。お返しをしようとしても何一つ受け取らない。あらためて再訪を約束しないかぎり、とうてい村を発《た》たしてくれそうもない雲行きだった。

ようやく朝十時すぎに、アノゲ山[*7]（かつてのネリトン山）の山腹を歩いて、一時間半後にレウケの美しい村に着いた。私が来ることは、とっくに先に伝わっていたようで、村までまだかなりあるというのに、司祭を先頭にはやくも人々がやってきて、なんともうれしそうに迎えてくれた。みんなが一人ひとり握手をしないと承知しない。昼ごろ、村に着いた。私は古き市《ポリス》の谷《ターレ》と、そこの城市《アクロポリス》を、またスタヴロスの町のアノゲ山頂の聖母修道院を訪れる予定をしていたので、レウケにとどまるつもりはなかったのだが、人々は『オデュッセイア』の朗読をせがんで、こちらの予定を聞いてくれない。やむなく承知した。だれにもちゃんと聞こえるように、村の中央にあるプラタナスの木の下に演壇代わりのテーブルを据え、やおら第二十三歌を二四七句まで朗々《ろうろう》と読みあげた。イタケの王妃にして、貞潔と善良さの鑑《かがみ》である人が、二十年ぶりに愛する夫と再会するくだり。私自身、これまで数えきれないほど何度も読んできた章であるが、読むたびにあらためて感動につつまれる。詩の力が同じような感銘を聴衆に与えたらしく、だれもが涙を流し、私もまたともに泣いた。読み終わるやいなや、人々は口々に声をかけてきて、なんとか翌日まで村に引きとめようとしたのだが、私はこればかりは断固として断った。そして何度となく杯《さかずき》を打ち合わせ、キスを交わしあったのちに、やっとのことで村を出ることができた」

四十六歳の人がこのような感激を胸に抱いて、ホメロスのうたったところを遍歴していた。その少年のような心に、土地がみずからを示してくれる。イタカにつづく目標は、ペロポネソス半島のアルゴリス[8]にある二つのあい並んだ城塞《じょうさい》、ミケネとティリンス[9]であった。ミケネの城門の上には、三千年前と同じように、二頭の獅子《しし》が見張っていたが、その前に立ったとき、シュリーマンはふと思った。パウサニアス[10]のいうように、アガメムノンとアトレウスの墓は、これまで考えられていたようなミケネの外壁のなかではなく、城塞の内部にあるのではなかろう

ミケネの城門
(©borisb17/123RF.COM)

か。そこには壮大な瓦礫《がれき》の山があるばかりだったが、それこそ黄金のミケネの財宝を秘めているのかもしれないだろう。とまれ、このときは、その探索に向かわなかった。興味はひたすら『イリアス』と『オデュッセイア』の舞台であって、そのためにトロヤへ急いだ。ピレウスでコンスタンチノープル行きの船に乗り、さらにコンスタンチノープルからダーダネルス[*11]行きに乗り継いだ。そのころまだ直航便がなかったからである。

当時、人々はホメロスのうたったイリオス[*12]の町を、ピナルバシ（ブナルバシ）村[*13]上《かみ》手《て》のけわしい丘の上と考えていた。そのわきをスカマンデル川[*14]が流れ、平地に割って入って、小アジア[*15]の西北部にそそいでいる。前世紀の終わりごろだが、あるフランスの学者が、この地に二つの泉を見つけた。一つは熱い湯を、もう一つは冷たい水を湧《ゆう》出《しゅつ》していて、それはトロヤの女や可愛《かわい》い娘たちが、自分たちの美しい衣服を洗ったという『イリアス』の記述と一致する。さらにモルトケ将軍[*16]がこの地を訪れ、難攻不落の城塞を築くとなると、このけわしい丘をおいてほかにないと断言した。しかし、このたびは将軍が敗退する羽目になった。

ピナルバシにやってきて、シュリーマンは感激をおさえることができなかったという。

「目の前にトロヤの野がひろがっていた。幼い頃、くり返し夢みた世界が眼前にあった。ただ、ひと目見たとき、私には、ここを訪ねた考古学者が口をそろえていうように、ピナルバシがほんとうに古い町の跡だとすると、トロヤはあまりに広すぎるし、海から離れすぎているような気がした」

とことんホメロスに親しんだ人の疑問だった。シュリーマン自身が明言しているように、ホメロスのことばは彼にとって「福音書」というべきものであり、彼の信仰は徹底していた。『イリアス』にうたわれた土地は、詩人の自由な想像によるといった学者の説を歯牙《しが》にもかけない。ホメロスの描写は事実そのものであって、だからこそ感激したのであり、人生の意義を見出《みいだ》した。そこにうたわれた戦闘の事実を疑うとは、自分が信ずる人の誠実さへの冒瀆《ぼうとく》にほかならなかった。

『イリアス』では、ギリシア人とトロヤ人の戦いが、船の停泊地からプリアモスの町[*17]へ移動する。いきつもどりつして、この間、一日のうちに何度となく往復する。その点からもシュリーマンは、イリオスの所在地を、海岸から三時間のへだたりにあるピナルバシよりも、もっと海に近いところに求めたのである。ピナルバシでは、スカマンデル川に面したところは、ほとんどよじ登れないほど急な斜面になっている。もしここがそうだとすれば、どうしてアキレスはヘクトールを、城のまわりに三度も追っかけまわしたりできるだろう？

土地を念入りに調査してわかったのだが、熱泉と冷泉の二つがあったわけではなく、ある地域に、どれも同じ温泉の四十もの泉があって、それが誤り伝えられたのである。ともあれ想像をたしかめるために、彼はここでもすぐに鋤《すき》をとった。ピナルバシの高みにのっている小さな城塞の内部と周辺を発掘したが、トロヤを証《あか》しだてるようなものは何一つ見つからなかった。荒涼とした地域であって、旅行者が逃げ出すような毒虫がいる。シュリーマンはそんなところに野営していた。それがどんな生活であったか、つぎの記述が伝えてくれる。

「夕方の五時ごろ、ようやく私は小城塞をあとにして、人々がトロヤだというところを南から北に、注意深く踏破した。それからスカマンデル川の河畔《かはん》にくだり、夕食をとった。夕食とはいえ、大麦パンと川水だけである。パンは暑さのために石のように硬くなっていて、割ることができない。それで十五分ほど水にひたし、軟らかくなったのを食べた。おいしくたいらげ、あわせて川の水を飲んだ。それが簡単ではないのである。コップ一つもっていなかったので、流れにかがみこまなくてはならない。両手で体を支えると、その両手が肘《ひじ》までズブズブと沈みこんだ。しかし、スカマンデルの水を口にすることは、私には大いなるよろこびだった。あわせて私は多くの苦難を

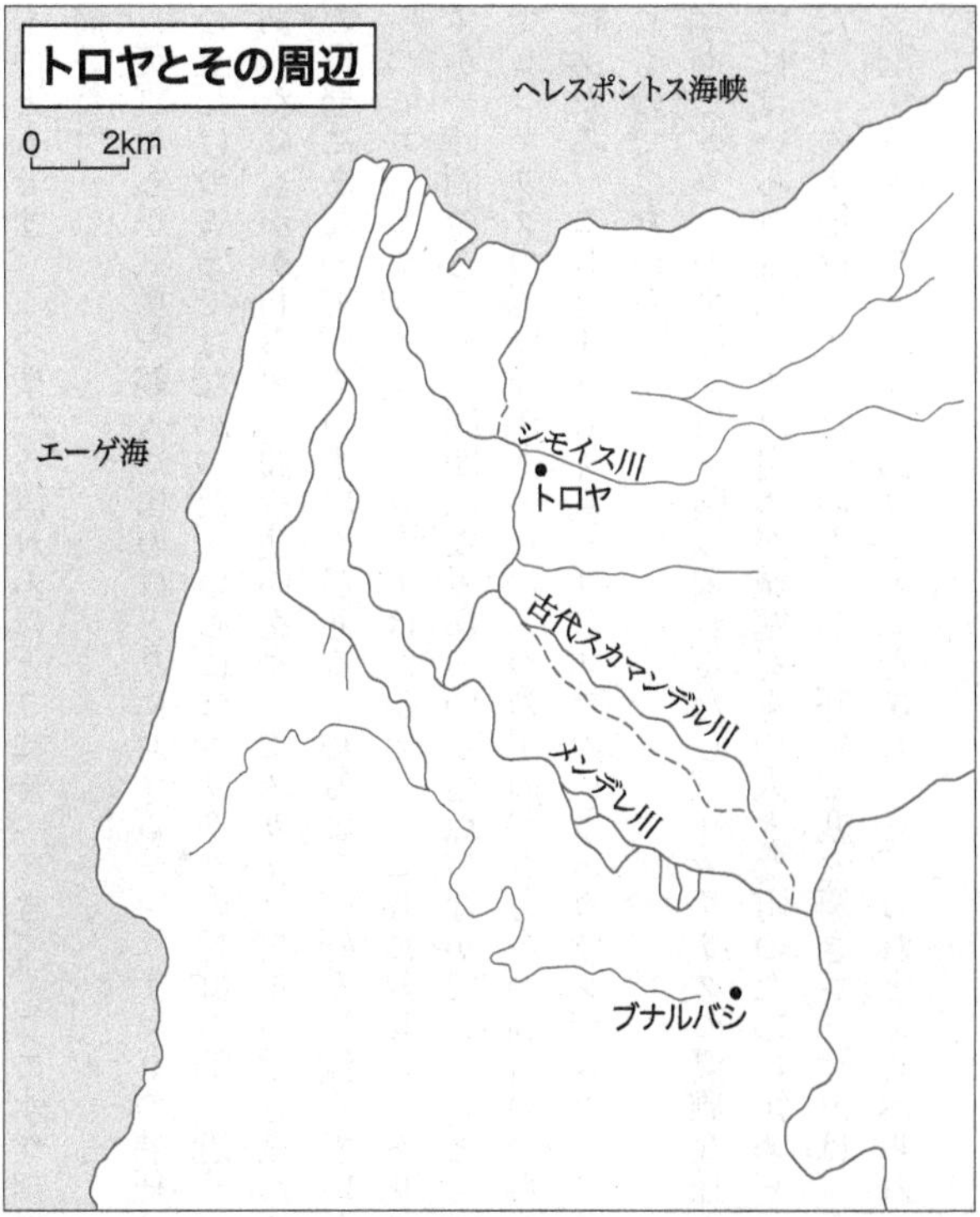
トロヤとその周辺
0 2km
ヘレスポントス海峡
エーゲ海
シモイス川
トロヤ
古代スカマンデル川
メンデレ川
ブナルバシ

ものともせず、この聖なる流れのほとりにやってきて、この水を口にした人々を思い描いた」

英雄たちが武勇を競った川のほとりに対するシュリーマン[*18]の熱狂は、単なることばの上だけのことではなかった。のちにヒッサリクの発掘の際、近くに清らかな泉水があったにもかかわらず、彼は使いをやってスカマンデルの水を汲《く》んでこさせた。熱病の再発にあたって、その水に害があると知るまで、好んで飲んでいたのである。

つまり、ピナルバシはトロヤではなかった。これに対して、ヘレスポントス[*19]からわずか一時間のところ、問題になるあらゆる地点のなかで、もっとも海に押し出した形でヒッサリクの低い丘があった。二つの川の谷を分かつ高台のつらなりの最後の部分にあたる。これはまさしく『イリアス』のいうスカマンデルとシモイス[*20]の流れを分かつものではなかろうか。

「もしトロヤの平地に足を踏み入れるなら、ヒッサリクの優雅な丘を目にとめて驚かずにはいられない。それ自体が城塞をもつ大きな町のために定められていたかのようだ。この土地は、まったくのところ、堅い要塞を築きさえすれば、トロヤの全平地を支配するのにぴったりであり、どこを探しても、これとくらべられる地点は二つとない」

ヒッサリクの丘（『トロヤの古代遺跡』より）

　低い丘ではあれ、その上に立つと、目をさえぎるものは何もなかった。平野からゆるやかな丘のつらなりをこえて海辺まで、さらには海のかなたのサモトラケ[21]の神々の山や、平地にそってイダ山[22]まで見はるかすことができる。この丘に砦《とりで》を置けば、『イリアス』にあるように、平地にすっくとそびえていることになる。ここから、このスカイア門の歩廊から、プリアモスやヘレナ[23]は大波のようにギリシアの軍勢が押しよせてくるのを見たであろうし、そして先頭に立つ勇士たちを目にとめた。まさにこの一点から夜の静寂《しじま》を通して、トロヤ軍の勝どきが、海辺に陣を張ったアガメムノンのところまでとどろいたにちがいない。

　ヒッサリクの丘は、ダーダネルス駐在の

アメリカ領事フランク・カルヴァート氏の所有になっていて、現在でも半分は同氏のもとにある。氏はこれまでトロアス地区で何度か発掘をおこない、その結果、古典ギリシア文明の時代とローマ時代の神殿や大きな建物の遺跡がつもりつもって、今日見るような丘の広がりになったのを確認していた。となるとここに、のちにつくられたイリオン[*24]があったとしても不思議はない。カルヴァート氏は、丘の中心部にプリアモスの城があったと信じていたが、ほんのわずかな学者が同意したにとどまっていた。

シュリーマンは、みずからの発掘を通してピナルバシ説は退けるべしと考え、ひいてはヒッサリクの丘のみが『イリアス』に合致すると信じるにいたり、カルヴァートの意見を取り入れるかたわら、一八六九年の初めに公刊した『イタカ、ペロポネソス、及びトロヤ』のなかで述べている。

「プリアモスとその息子たちの宮殿や、ミネルヴァやアポロ神殿の遺跡を世に出すためには、丘の上のすべての人工的なものを取り除かなくてはならない。そうすればトロヤの城塞が突き出た高台のうちのかなりの部分を占めていたことが判明するだろう。というのはオデュッセウスの宮殿やティリンスの神殿、またミケネの城塞やアガメムノンの宝庫の遺跡は、英雄時代の建物がすこぶる大規模なものであったことを証しているのである」

アキレスとヘクトールが戦ったところを見るために、どれほど多くの旅行者たちがこの土地を歩いただろう？　だが、彼らの眼差《まなざ》しは表層をかすめただけだ。シュリーマンにはホメロスに対する固い信仰があった。それは地中を深く掘りすすんで、英雄世界の断片を世に出さずにはいないのである。ここに開けた大いなる使命感が、以後の彼をつつみこんだ。

古代ギリシア語でつづった論文に、このときの旅行報告を一部添えて、彼は郷里メクレンブルクのロストック大学に提出、これによって哲学博士の称号を授与された。

＊1　コルフはケルキラとも。ギリシア西部に位置する島。ケファロニアはコルフ島から約二百キロメートル南に位置するギリシアの島。イタカは第一章の注25を参照。なお、ケファロニア島とイタカ島は、イタカ海峡を挟んで隣接している。
＊2　イタカ島にある山。シュリーマンは、ここにオデュッセウスの宮殿があったと考えていた。
＊3　シチリア島にある、標高三三五七メートルの活火山。
＊4　イタリアのナポリ西部にある、地中海に面した古代ギリシアの植民都市。
＊5　イタカ島の村。

＊6　ミケネ文明の巨石を用いた石造物のこと。ギリシア神話に登場する一つ目の巨人族キュクロペスにちなんでいる。
＊7　イタカ島の山。
＊8　ペロポネソス半島は、ギリシア南西部を構成する大きな半島。アルゴリスは、その地方の一つ。
＊9　ミケネ（ミケーネ、ミュケーナイとも）、ティリンスはともに、アルゴリス地方にある古代都市。ミケネを中心にミケネ文明が栄え、遺跡に残るミケネの獅子門は有名。
＊10　紀元二世紀頃のギリシアの旅行家で、『ギリシア案内記』の著者。
＊11　ピレウスは、アテネの南西にある港湾都市。コンスタンチノープルは、現在のトルコの首都イスタンブールの旧称。ダーダネルスは、ヨーロッパとアジアの境をなすダーダネルス海峡の中ほどにある町で、現在のチャナッカレ。
＊12　トロヤ（トロイ、トロイア）の別称。
＊13　現在トロヤ遺跡とされる場所の南南東約九キロメートルに位置する。
＊14　『イリアス』で、トロヤの近くを流れる川。スカマンドロス川とも。現在のカラメンデレス川とされる。

＊15　トルコの大部分を占めるアジア側の地域。黒海・エーゲ海・地中海に囲まれる半島。アナトリアとも。
＊16　ドイツの軍人。近代ドイツ陸軍の父とされる。
＊17　ギリシア神話に登場するトロヤ最後の王。
＊18　ダーダネルス海峡にほど近い、エーゲ海から五キロメートルほど内陸にある丘。この地にトロヤがあったとされる。
＊19　ダーダネルス海峡の古称。
＊20　注14のスカマンデル川の支流で、トロヤ近くで分岐する。現在のドゥムレク川とされる。
＊21　エーゲ海に浮かぶギリシアの島。サモトラキ島とも。
＊22　ヒッサリクの南東約六十キロメートルにある山。カズ山とも。
＊23　ヘレナは、ギリシア神話に登場する絶世の美女で、スパルタ国王の娘。メネラオスという人物と結婚し、メネラオスがスパルタ国王を継ぎ、その王妃となっていたが、後にトロヤ王プリアモスの子パリスに魅了され、トロヤに赴き再婚する。これがトロヤ戦争の原因となった。
＊24　イリオス、トロヤのこと。

訳者コラム

## ホメロスのこと

『イリアス』、一万五千六百九十三行。『オデュッセイア』、一万二千百十行。長篇叙事詩といわれるもので、どちらも二十四巻に分かれ、各巻が二十四のギリシア・アルファベットの名でよばれている。このような巻立てはアレクサンドリア時代に生まれた。その前は、それぞれまとまった部分に別々の名がついていた。知られるように、『イリアス』と『オデュッセイア』はヨーロッパの文学の源になった。作者はホメロス、あるいはホメーロス、英語読みするとホーマー。いかにも、そのとおり。しかしながら、実をいうとホメロスについて、たしかなことは何一つわかっていないのである。生没年はおろか、いつごろ生きた人物なのかもわからない。トロヤ戦争の同時代人だとすると前二千年紀に生きたことになる。古代ギリシアの歴史学者ヘロドトスの説にしたがえば、一挙に四百年ばかり若返る。同じ歴史学者テオポンポスは、これといった根拠なしに前六八六年生誕説を主張した。

どこの人なのか？　一説によると小アジアのスミルナに生まれた。同じ小アジアのキオスだとする説もあり、あるいはコロフォンともいう。アドリア海の入り口のイタケ、ペロポネソス半島の西南の町ピュロス、東北部にあるアルゴス、いや、アテネだともいわれてきた。いまもなお七つの都市がホメロス生誕の地の栄誉を争っている。

古代の人々にとってホメロスは実在した。しかし、詩人自身は、当時すでに伝説の人だった。『イリアス』は、トロヤの別名「イリオス」の歌といった意味で、トロヤ戦争をとりあげ、第一巻第一行目にいわれているとおり「アキレウスの怒り」を主題にしている。

『オデュッセイア』はトロヤ陥落後、帰国の途についた勇士オデュッセウスの漂流と遍歴《へんれき》を語っている。おそろしく古い言い回しが使われていたかとおもうと、時代背景とはまるで一致しない武具や道具が出てきたりする。そんなところから「分離派」とよばれる人たちが生まれた。『イリアス』と『オデュッセイア』を分けて考え、それぞれ別人のものだという説である。古代ギリシアにもそれをいう人がいたが、ほんの一握りの変り者だった。それが十八世紀のヨーロッパに、にわかに華々しく登場した。

一七一五年、これはイギリスの詩人ポープが有名なホメロスの翻訳を公刊した年だが、フランス人文献学者フランソワ・エドラン・ドービニャックは『イリアス論』を世に出した。そこにはじめて学問の名において別人説が唱えられた。激しい論争を引きおこすのは約八十年後、ドイツの文法学者フリードリヒ・アウグスト・ヴォルフが出てからである。ヴォルフは古代ギリシア語文法や、古代ギリシア文学史の著者として知られているが、ホメロスの文体分析を通して『イリアス』と『オデュッセイア』が別々の手になることを主張した。ゲーテもこれに賛同した。ドイツからフランス、イギリスに及んで学界を二分する論争がまきおこった。

たぶん、詩人の本能からだろう、シラーはヴォルフの説を、「愚かな学者」の野蛮きわまる見方ときめつけた。ゲーテもやがてシラーに同調する。ヴォルフは主張をやわらげた。別人ではなく、ホメロスを中心とする「集団の合作」説に改めた。古代ギリシアには英雄物語を歌い歩く語り物の芸人がどっさりいた。つまり「ホメロス」は一人の人物の名前ではなく、これら「歌匠《かしょう》」たちの総称だというのである。

文法学にとらわれずに作品そのものにあたると、すぐにわかる。『イリアス』

は十年にわたるトロヤ戦争のうちの最後の数十日に限られている。『オデュッセイア』は、同じく十年にわたる漂流と遍歴譚《へんれきたん》が、最後の数十日にしぼってあり、それまでの経過は、途中で簡潔に挿入するにとどめてある。いかにも見事に構成されており、明らかに一人の「作り手」を予想させる。この人物は、とりわけ劇的展開ということをこころえていた。

矛盾なら、いくらもある。たとえばホメロスはすでに鉄を知っていて、円形銅製の小さな楯《たて》と8字型の鉄の大楯とが同時に出てくる。これらは本来、文明の時期がへだたっており、歴史的な説明がつかない。

あちこちのくだりに、詩人自身が意味を知らなかったと思われる古い言い回しが、しばしば出てくる。死んだはずの人物が、あとで生きて登場するのはどうしてか?

数百年にわたる口承文化が、ここに凝縮されているからだ。長い語り物の伝統のなかで伝えられてきたもの、モチーフ、言い回し、決まり文句を、ホメロスは当然のこととして取りこんだ。神々や英雄、自然現象、さらには動物や物品にいたるまで、形容する言い方が決まっていた。ストーリィからいえば不合理でも、決まり文句として使われた。円形の小楯をもった勇士が8字型大楯につまずいてもおかしくない。要するに表現のなかの伝承のきまりでそうなったばかりである。口承の場合、語られる瞬間がいのちであった。死んだはずの武将が堂々と立ちあらわれても、聴き手はとりたてて不思議に思わない。

ホメロスは現在では、「長い叙事詩の伝統の流れのなかの最後の段階」にあらわれた作者とされている。『イリアス』はその人の若年期の作。『オデュッセイア』は晩年の作。この偉大な作者について、いかにも何一つわかっていない。しかし、作品のうしろに隠れて、たしかに一人の人物がいる。姿は見えないが、たしかにいる。この点、『ハムレット』や『マクベス』の作者と同じである。シェイクスピアについて、具体的なことは何もわかっていないが、ハムレットの生みの親は、たしかに実在したのである。

# 第三章 トロヤ

1871—1873

一八七一年十月十一日、シュリーマンはトロヤ発掘にとりかかった。四次にわたる発掘期間の最初のもので、コンスタンチノープル駐在のアメリカ公使の仲介によりトルコ朝廷の勅令を得た。それによってヒッサリクの丘が自由になった。以後、一八七三年に一応作業を切りあげるまで、まる十一カ月間、彼はトロヤ発見のためにつめっきりで働いた。中断したのは寒い冬と、健康を害する夏の暑さの間だけである。残りの期日から、無数のギリシアの祝日とトルコの祝日を取り除かなくてはならない。ギリシア人とトルコ人が入り混じって住んでいる土地では、それを忠実に守って労働をしないのだ。さらに春と秋の雨期を差し引く。そんな条件のもとでの十一カ月である。四方から丘を掘りすすみ、大きな広がりをもつにいたった発掘溝は、ひとえにシュリーマンの強い意志が部下の者を励ましつづけた結果である。

すでに前年、シュリーマンは、ヒッサリクにやってきて、一度、鋤《すき》を入れた。だが、トルコ系の住民が法外な補償をいいたてたし、発掘ののち直ちに溝を埋め、もとどおりの牧羊地にもどすように要請されたので、やむをえず中止した。そのときは瓦礫《がれき》を五メートルばかり掘り下げて、古典ギリシア文明の時代の城壁を見つけただけだった。

アテネから「聖なるイリオス」へ、シュリーマンは一人できたわけではない。「妻とともに」と彼は述べている。「名前はソフィア、ギリシア人でアテネの生まれ。ホメロスの心酔者であり、大いなる作業に対する深いよろこびを秘めてやってきた」。

二人は初め、チブラクというトルコ人の村の粘土づくりの小屋を宿舎にしなくてはならなかったが、そのうちプリアモスの丘の上に数軒の簡素な木づくりの建物を建てた。一つは自分たちの住居。残りは監督者用、ときには技術者や画工たちのためにあてられた。粗末な建物であれ、いずれその下から、自分たち本来の宮殿の城壁が姿をあらわすはずだった。

丘の上は強い風が吹き抜ける。二人はすぐに気がついた。ホメロスがイリオスを「風にもまれる」といったのは、無意味な形容ではなかったのである。冬の間はトラキアから北風ボレアス*1が凍るような寒気を運んできた。「身をあたためるためには、トロヤ発見という大きな目標に対する情熱」のほか何もない。しかし、夏には、さわやかな微風が、海から待望の涼気をもたらしてくれた。そして平地や沼地から立ちのぼるムッとした暑さを追い払い、大地を浄《きよ》めてくれる。下手《しもて》のダーダネルス海峡を、毎日、地中海と黒海を往復する大きな船がゆっくりと通過していく。いっぽう、上手《かみて》では、世のまじわりと遠いところで、二人がせっせと、古典世界の証人を呼びもどすために働いていた。海に突き出た低いところに墓が並んでいた。誇り高い一族が、アキレスやパトロクロス、アイアス[*2]やトロヤの諸侯たちの屍《むくろ》の上に築かせたものであって、いずれその墓碑の意味も問いたださなくてはならない。

朝の光がイダ山の頂きにさしこめるころ、丘から一時間ほどのところにあるまわりの村々から、ギリシア人やトルコ人が、それぞれ特有のいで立ちでやってきた。あるいは徒歩で、あるいはロバに乗って駆けつけてくる。全員が発掘の主《あるじ》の前に整列する。点呼の時間は、一人ひとりに陽気に話しかけるときでもあって、そうやって機嫌よく作業現場へと送り出す。多くの者たちは風変わりな、たのしい名前をいただいていた。シュリーマン自身が書いている。「多くの作業員たちの名前をすべて覚えることができなかったので、それぞれ信心深いとか、いかめしいとか、物知りといった特徴によって名前をつけた。坊さん、修道士、巡礼、分隊長、博士、先生といったぐあいである。私が名づけるやいなや、ここにいる間はずっと、だれからもその名でよばれてニコニコしていた。こんなふうにして、読み書きのできない多くの博士が誕生した」。

発掘の様子（『イリオス』より）

ギリシア人のなかのとりわけ信頼を得た者たちは、アガメムノン、ラオメドン、アイアスといった、ひびきのいいホメロスの名前をもらった。しがないトルコ人が、その働きにより「パシャ（総督）」や「エフェンディ（医師）」に昇格した。

第一次発掘のころの作業員の数は、百人から百五十人の間を上下した。指導かたがた束ね役が必要だったので三人の監督を任名した。しかし、シュリーマンはすべてを彼らにまかせず、みずからたえず現場にいて、ともすれば停滞しがちな作業の督促をした。シュリーマン夫人もまた二十人から四十人の一団を引き受けていた。瓦礫の中からこわれやすい遺物をそっと取り出すといった、厄介でもあれば重要でもある事態が生じると、二人して助け合い、ともに孜々《しし》として働いた。

ヨーロッパ人が、このしめりけの多い荒涼とした地方を旅すると、すぐさま注目の的になる。英知を期待されて、さまざまな質問をあびせられる。ましてやこのたびは、二人のヨーロッパ人が熱心に、くる日もくる日も山をうがって隠された財宝を探している。かつてここを支配した偉大な王たちの思い出を、忘れられた伝説を手がかりに、ふたたび地上によみがえらせようというのである。土地全体の関心をひかないはずがない。ヒッサリクの丘は、まもなく巡礼の聖地になった。人々がやってきたのは、単に好奇心からだけではない。近傍のネオコリ、エニシェヒル、トンケイの住人にはまた効き目のいい治療の力もあるのだった。

「シュリーマン先生」が手持ちの薬で病人を治してくれる。ヒマシ油、アルニカ、キニーネ[*3]の三種のうち、一つはきっと効能があった。少なくとも村医者が何につけてほどこす放血[*4]よりも結果がいいのである。のちにフィルヒョウ[*5]がトロヤにきたとき、医者としての声望は、むろんシュリーマンを上回った。フィルヒョウ自身が『イリオス』の後記のなかに、その地での療法をくわしく述べている。シュリーマンが一介の「先生」にとどまったのに対して、フィルヒョウは「大先生」と呼ばれていた。

ところでシュリーマンは、この丘で何を見つけるつもりだったのか？　何をおいても文明世界に、はっきりとした証拠をもたらしたかった。十年間ものトロヤ戦争を伝える古いギリシアの伝承が真実であって、ホメロスは忠実に、また誠実にプリアモスの王城について語っていること、その動かしがたい証拠を廃址《はいし》のなかから見つけ出す。そのため作業を始めるにあたって、彼はまずイリオス＝アテナの神殿を求めた。女王ヘカベー[*6]とトロヤの巫女《みこ》たちが、わが町への女神の恵みを祈念したところである。さらにポセイドンとアポロンのつくったペルガモスの城壁を目標にした。シュリーマンは、アテナの神殿の位置を丘の項きの中央に想定した。ポセイドンの壁は何千年もの瓦礫の下、基盤にそって丘を取り巻くようにつくられていたはずだ。ホメロスのいうところでは、王城の建設以前は丘にはだれも住んでいなかった。『イリアス』第二十歌によると、プリアモスの六代前、ダルダノス王の時代は、トロヤの種族は主に内陸部、唐檜《とうひ》茂るイダ山のふもとに住んでいた。

　発掘前、ヒッサリクの丘は長さ約二百メートル、幅百五十メートルの楕円《だえん》形をしていた。北と西は急勾配《こうばい》でメンデレとドウムブレクスの谷に落ちこむ。南と東は大地につづいていて、丘がその先端にあたり、やわらかな山並みへと移行する。シュリーマンは真ん中を軸にして、北から南へ最短距離を切りひらく考えだった。そうすれば、中央に神殿が見つかる。そのような予測のもとに、北から鍬《くわ》と鋤《すき》で広い溝を掘り始めたところ、まず二メートルのところで大きな切り石からできた古典時代の基礎壁にぶつかった。長さ約二十メートル、幅十四メートルの建物に付属したもので、そこに見つかった碑文によれば、ブレウテリオン、つまり市庁舎として建てられたらしかった。もっとも古く見積もってリュシマコス時代[*7]のものと思われ、アレクサンドロス大王の帝国のうち、ヘレスポントスの両側を支配していた王である。この王のもとに、いちじるしく衰微していたイリオスに、ふたたび立派なリング状の壁がつくられ、近傍の住人が移ってきて、かつての盛況をとりもどした。しかし、シュリーマンにとって確固とした目標は基盤に建てられたトロヤであって、そのため古典時代の建物に付属した壁は取り払わざるを得なかった。

基盤にとどくまで、どれほどの深さに掘り下げなくてはならないか。井戸が一つの目安になった。地表下二メートルのところに口をあけていて、ローマ時代のイリオンに由来するものと考えられた。というのは、石灰で固めて石が積み上げられていたからである。井戸を掘り出してみたところ、十七メートルの深さを持ち、その底でようやく岩盤につき当たった。底にはさらに小さなトンネルがうがたれており、それによって、この驚くべき深いところの岩盤上に、かつての家屋の壁があると推測できた。この丘は、なんと多彩な歴史を持ち、なんと多くの種族が住みつづけてきたことであろう。ここに来《きた》りて、そして滅んでいった。あとから来た者は瓦礫の上に自分たちの住居をつくる。平野を見はるかすこの丘は、なんといっても住むのに快適なのだ！

そのふところ深いところに、秘密が宿されている。いかにして秘密を開くか。多くの人手と多大の費用を必要とした。シュリーマンはゆるがなかった。「困難は願望をさらにかきたてた」と彼は書いている。「いまようやく大きな目的が目の前にある。それを達成して、『イリアス』が事実であること、大いなるギリシアの民から、その栄誉の王冠を、なんぴとも簒奪《さんだつ》できないことを証明する。そのためには、いかなる労苦もいとわない。いかなる費《つい》えも惜しまない」。ピナルバシとちがって、この丘から豊かな発見が期待できることは、積み重なった瓦礫の層によっても明らかだった。

当然のことながらシュリーマンは興奮していた。みずから焦燥をおさえて掘りすすんだ。覆われたものを除くにつれてホメロスの世界に近づくような気がする。そのため行く手をへだてるものは容赦《ようしゃ》なく取り除いた。ヘレニズム時代とローマ時代の建物の土台の下を掘り広げたが、作業員の鋤は、しばらくは小石を積み上げた粗末な壁を見つけただけだった。そのなかから壺《つぼ》の破片が出てきた。ギリシアの陶器に見るような絵がついていて、紀元前六世紀から四世紀のものと思われ、それからしても、さらに深く掘りすすめなくてはならないことが見てとれた。

この地層を四、五メートルばかり掘りすすんだとき、まったくちがった層にぶつかった。これわれた陶器のかけらがまじっているが、ギリシアの壺におなじみの美しく反《そ》った形をしていないし、色あざやかな装飾もほどこされていない。独特の光沢が唯一の飾りといったところで、灰色、あるいは黒、赤、または黄色の単色でつくられた壺であった。ギリシアの陶工は自分たちの英雄物語を好んで絵づけしたものだが、この壺にはそんなものはなかった。新発見の壺の作り手は、絵の代わりに奇妙な形を得意としたらしい。球形の水差しは、恐ろしく首が細くて、くちばしのような形をしている。一個の水差しとしてではなく、二つがつながりあったスタイルでつくられていた。細身の杯《さかずき》には二つの大きな持ち手がついていたが、それを見てシュリーマンは、ホメロスのうたった「二つ手の杯」を思い出さずにいられなかった。さらには直径二メートルにも及ぶ楕円《だえん》形の巨大な鉢が出てきた。また陶器のかめは、作業員の一人が現代のディオゲネス*8よろしく、なかで寝泊まりできるほど大きい。その大きさの点ですでに製作者の能力に驚嘆しないではいられない。またべつに、微妙な用向きに使われたらしい、小さな、優雅な陶器の小道具があらわれた。これらの土器すべてが太古の時代のものであることは、出土した地層の深さ、さらにその製法から見てとれた。大部分が他の地方で見つかった先史時代の出土品と同様、ろくろではなく、手でつくられていた。壺類はまだギリシア人の形態感覚といったものを欠いていた。彼らはいずれ、いかにして壺の胴体が一つの脚の上にのびあがり、その胴から、どのようにしなやかな線が走って口や把っ手《とって》をつくっていったかを教えてくれるはずである。

ここに見つかったものは、形がずっと稚拙《ちせつ》だった。丸いかめは、尻《しり》がそのまま地面にすわっていた。脚がつくとしても、三つの不格好な突起がとび出すだけ。把っ手のぐあいから、陶土のかたまりを容器に押しつけ、そこに穴をあけてひもを通したらしい。こういった幼さはともかくとして、その形と色の多様さ、またものによってはすこぶる洗練された製法が見てとれることからも、高度に発達した民族の文化が残したものにちがいなかった。

しかし、それはどのような民族なのか？　これらの出土品に対して、学問は途方にくれた。はっきりとした答えが出せないのだ。まったく新しいものがあらわれた。前代未聞のものだった。発見者はおのずからホメロスに解答を求めた。彼が見つけた容器のうちで、もっとも特異なものは、おおよそつぎのような形をしていた。口のところに古代のやり方で、二つの大きな丸い目と、鼻と、額《ひたい》ぎわが刻んである。蓋《ふた》は帽子のようにつくられている。胴のところの小さな突起は乳首、さらにへそがついている。ホメロスはアテナを「ふくろうの目をした」と呼んだ。大きな、丸い目のついた容器は、ホメロスによればアテナの神殿があったところで見つかった。そのためシュリーマンは大いによろこび、ふくろうの目をした女神、最古のトロヤの偶像を手にしたと思った。ほかに細長い大理石の板や粘土製の小板が見つかったが、いずれも上端に同様の素朴な顔が刻まれていて、同じく女神への捧《ささ》げ物を思わせた。シュリーマンは女神の偶像だと考えた。

だが、これらの出土品にホメロス的文化の痕跡《こんせき》を見るとすると、ほかに発見されたものは謎《なぞ》めいていて、およそ説明がつかないのだった。何千もの土製品が出てきたが、どれも小さな球形をしていて、真ん中に穴があいている。古代学では従来、「紡錘車《ぼうすいしゃ》」とされてきた。いっぽうシュリーマンは、その奇妙な形と、手のこんだ刻文についてあれこれ考えた結果、女性の労働の守護神であるアテナへの奉納品と考えていた。だが、あらたな発見があって、そこにアジアの記念物や崇拝儀礼におなじみの〝スヴァスティカ（鉤十字《かぎじゅうじ》）〟卍を見つけたとき、考えを改めた。著名なインド学者のいうように、真ん中の穴は、アーリア人の中心神である太陽のしるしであって、まわりにほどこされた刻文は「火」をあらわしているのではあるまいか。刻文については、アテネのフランス考古学研究所のかつての所長である友人エミール・ビュルヌーフ[*9]が、世に知られているギリシア文字に先行するグレコ＝アジア文字であるとの説を立てた。

彼はシュリーマンが発掘した壺の一つに中国文字を見つけさえしたのである。この困難な問題についての是非はここでは語らない。出土品を前にして発見者が直面した厄介な事態を述べておくだけにとどめよう。要するにそれは、異様な発見だった。稚拙な石の道具、閃緑岩《ディオリート》でつくられたハンマー、アジアの内陸部からもたらされた軟玉《ネフリート》製の斧《おの》、火打ち石でつくったノコギリ状の刀。こういったさまざまな品が毎日のようにあらわれてくる。はたしてこれは、プリアモスと、その芸術性ゆたかな臣下たちの光輝あふれる国が残したしるしの品なのであろうか？

シュリーマンは、あれこれ行き迷い、途方にくれた。しかし、くじけなかった。彼は古代の文化が初めて姿をあらわしたときのことを、つぎのように述べている。

「私が望んだのは、ごくつつましいことだった。彫刻された美術品を見つけようなどと思っていなかった。発掘にとりかかった唯一の理由は、始めからただ一つ、トロヤを見つけること。それがどこにあったか、多くの学者たちが多くの著書で議論してきた。しかし、いまだかつて、発掘によって証明しようとした者はいなかった。たとえ私が成功しな

丸い目のついた容器
（『イリオス』より）

かったとしても、発掘を通して先史時代の深い闇《やみ》を押しあけ、大いなるギリシア民族の歴史を証《あか》し立てる興味深い品々を見つけ出したことによって、学問に何ほどかの寄与をしたことを満足しよう。石器時代の発見物に行き合って、私は意気阻喪《そそう》したりしなかった。むしろ好奇心がさらに高まった。ここに最初にやってきた人間が、はじめて足を踏み入れた場所はどこか。さらに五十フィート*10掘らなくてはならないとしても、私はそこに到達したいと願った」

地層を切り開いて発掘がすすんだ。十メートル以上にも及ぶ深みから瓦礫《がれき》を運び出すのは容易なことではない。溝の両側には土の壁が高々とのびていて、危険きわまりない。一度、六人の作業員が崩れ落ちた土砂の下敷きになった。無事救い出されたのが奇跡というものだった。やがて一つの大きな、灰やその他、火事の跡をとどめる地層に行き合ったが、壁といったものの痕跡《こんせき》がない。ゆるやかな石の部分を取り除いた。それがペルガモスの城壁であったことは、べつのところで、同じように削っていない石を積んでつくった建物の存在を認めたのちにわかったことである。

丘の中心軸、そのもっとも短い部分に北から深い溝を掘りすすめたが、望んだようなイリオスのアテナ神殿基礎壁は見つからなかった。シュリーマンは角度を変えて掘ることにした。カルヴァート氏からは、氏の所有の土地を発掘してもいいという許可を得ていた。北西部から掘り始めるとまもなく、表層に近いところで美しいレリーフ板を見つけた。衣服をなびかせた太陽神ヘリオスをあらわしており、頭のまわりには、朝ごとに四頭引きの馬車で天空を駆けるときの光輪が刻まれていた。ヘレニズム時代に建てられたアテナの神殿に由来するものに相違ないが、この美しい彫刻よりももっと重要なものが、南及び南西部で見つかった。南では丘のふもとを六十メートルほど掘りすすんだところで、大きな壁とぶつかった。雄大な幅をとって直接岩盤の上に立ち、少し傾いたまま六メートルの高さにのびている。まわりの地層は、かつてはこの壁が傲然《ごうぜん》とそびえていたことを示していた。削っていない石をゆるやかに組み合わせ、つなぎには石を詰めただけであって、もっとも古い時代の工法に合致する。石自体がそうだし、まわりに発見されたものも同様だった。壁は右と左につづいていて、岩盤の上に基礎づけられていた。もし何らかの城壁だとすると、ポセイドンとアポロンがトロヤのために築いたといわれるペルガモスの城壁にちがいない。十五メートルにおよぶ堆積物《たいせきぶつ》を取

発掘されたレリーフ
（提供：ユニフォトプレス）

り除くと、城壁のつらなりがあらわれた。さらに三十メートルほど掘りすすめたとき、丘の南西部で幅の広い、堂々とした傾斜路《ランペ》と行き合った。ゆるやかに壁の高さにまでのぼっている。敷石は、より抜きの素材でつくられていた。古代建築の目玉であり、ややもすると貪欲《どんよく》な連中に抜き取られるので、シュリーマンは作業員たちに噂《うわさ》を広めた。これはイエス・キリストがプリアモス王を訪れる際に通った聖なる道だというのである。つくりはいかにも粗野であるが、威厳をおびて城門へ、さらには支配者の宮殿へとつづいており、そのかぎりでは「聖なる道」にちがいなかった。

シュリーマンは多数の作業員をこの一点に動員して道をあけさせた。焼けた粘土層がうず高く重なっていた。それはのちに、城壁と門の上層部をつくっていた乾燥レンガであることが判明したのだが、これを掘りわけたとき、この頑丈な城塞《じょうさい》が、かつて火災で焼け落ちたことが証明された。すなわち、これが破壊されたトロヤなのだ！　女性のなかでも、とりわけ美しい人[*11]、その人をめぐって十年もの戦争がつづいたのだが、彼女がトロヤの老人たちに、神の後裔《こうえい》である宿敵の英雄たちを、一人ひとり指し示したのは、まさしくここ、この門の上だった。つまり、これがスカイアの門なのだ！　辛抱《しんぼう》に辛抱を重ね、労を惜しまなかったのが報《むく》われた。古い伝説への熱狂が、いまや現実の実りをみた。シュリーマンの胸は感激に高鳴った。そのときの思いをつぎのように述べている。

「ギリシアの栄光を伝えるこの聖にして高貴な記念碑が、このさき永遠に、ヘレスポントスを旅する人の眼差《まなざ》しをとらえんことを。この土地が、来たるべき世代の好奇心に燃えた若者たちの聖地とならんことを。そしてここに詣《もう》でた青年たちが学問に、とりわけすばらしいギリシア語とギリシアの文学にめざめんことを、

彼はさらにつづいて、こうも書いている。

「この発見が、トロヤの城壁全容の解明のきっかけとならんことを。それは必ずやこの塔につらなるものであり、北側で掘りあてた壁とも何らかのかかわりがあるだろう。城壁発掘は、いまや間近にせまっている」

シュリーマンは中に入った。城塞のいたるところに火災の跡が見てとれた。門からさほど遠くないところに、粗末な壁をもった一つの建物がのぞいていた。いくつもの部屋をもつが、どれもさして大きくはない。城門に対する位置からして、この建物はプリアモスの館《やかた》にちがいないとシュリーマンは考えた。その建物が、焼け落ちた町の瓦礫の上に建てられたものであるとわかったのは、ずっとのちのことである。本来のペルガモスの宮殿は、もっと堂々とした建物だった。ただこの建物の近くで、新しく、予期しないものが見つかって、そのためペルガモスの館と思いこむにいたったわけだ。

すなわち、いうところの「トロヤの宝」発見である。

西から掘りすすめてきた溝は、いくつもの周壁を突き破ったのち、一八七三年五月には、大きなペルガモスの要塞の延長部にぶつかった。シュリーマンは述べている。

「周壁にぶつかって、作業員たちがそれを掘りくずしている間、私は城門の北西部にある古い建物のすぐそばで、奇妙な形をした大きな銅製のものに気がついた。背後で黄金がきらめくような気がして、ますます注意をそそられた。銅器の上には石のように硬い、五フィートほどの層があった。瓦礫が赤っぽい、また褐色《かっしょく》がかった色をして石灰化しており、さらにその上に幅五フィート、高さ二十フィートの城壁が立っていた。トロヤの破壊の直後に建てられたものにちがいない。この貴重な発見物を古代学のために残すためには、何はともあれ、できるだけ早く、またできるだけ慎重に、貪《どん》欲《よく》な作業員たちの目の及ばないところに移さなくてはならない。まだその時間ではなかったが、私は即座に朝食の休憩をいい渡した。作業員たちが休んだり食べたりしている間に、私は大きなナイフで石のように硬い石灰を掘って財宝をとり出した。非常な緊張を要する作業であり、いのちと引き換えのような危険な仕事だった。というのは、大きな城塞の基底部を掘ったのであって、それはいつなんどきでも、頭上に崩れ落ちかねなかった。しかし、考古学にとって、はかり知れぬほどの価値をもつ多くの出土品を見るにつけ、私は死の危険をものともしなかった。そもそも危険のことなど、まるきり考えていなかった。とはいえ宝の移送が首尾よく成功したのは、妻の助けがあったからである。彼女はずっと私のそばに立ち、掘り出されたものをショールにくるんで運んでいった」

ずしりと重い黄金の杯、大きな銀製の水差し、金の王冠、腕輪、無数の金の小片を丹念につなぎ合わせた首飾り。この国を治めた強力な支配者の豪華な所有物にちがいなかった。

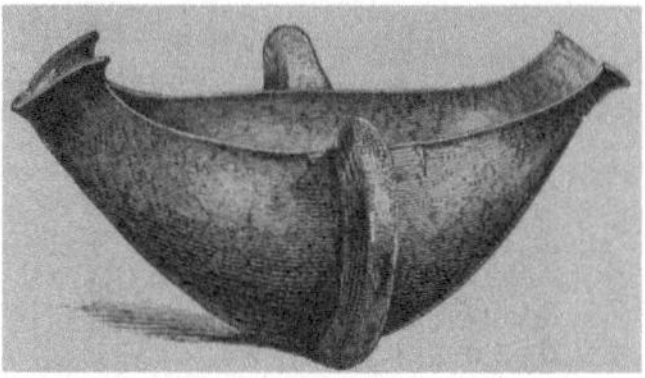

黄金の杯（『イリオス』より）

幼い頃の夢が、これほど輝かしい実現を見ることはめったにない。ホメロスがうたってくれたもの、シュリーマンはそれを長い努力の末、いまやわが手でつかんだと思った。プリアモスの誇らかな砦《とりで》にいて、不幸な王の宝をわがものとした。成功ののち、満足感が見舞ったのだろう、一八七三年六月十七日、シュリーマンは発掘を中止した。そのときは、もう二度と手をつけないと思っていた。そして発見物をたずさえてアテネにもどった。直ちに公表にとりかかり、翌年一月にはすでに『トロヤの古代遺跡』ができあがっていた。おおかたは、ヒッサリクから『タイムズ』紙に送りつづけた報告がもとになっていた。著書には地図と二百点にあまる写真の図版がつけられ、発掘の模様と発見物とを示していた。

＊1 トラキアはトルコのヨーロッパ部分周辺の地域を指す。ボレアスはギリシア神話の北風の神。

＊2 パトロクロスはアキレスの親友で、トロヤ戦争でトロヤ軍の英雄ヘクトールに討たれた。アキレスは仇《かたき》を討つべくヘクトールを討ち取るが、トロヤ王子のパリスにアキレス腱を射られ、それが致命傷となって死ぬ。アキレスの従兄弟《いとこ》であるアイアスは、アキレスの遺品の鎧《よろい》を賭けた競技会に出るも敗北。不服を感じ逆上して仲間を殺戮《さつりく》しかけた後、自らに絶望して自刃した。

＊3 ヒマシ油は唐胡麻《とうごま》の種から得られる油で下剤となる。アルニカはキク科の多年草で、解熱作用がある。キニーネは熱帯性の高木キナの樹皮から得られ、マラリアの特効薬としてかつて使用されていた。トニックウォーターの原材料でもある。

＊4 瀉血《しゃけつ》とも。体内の有害物を血とともに排出することを目的に行われた血抜き。西洋医学で広く行われた。

＊5 ドイツの医師で政治家。白血病の発見者で、細胞病理学などの基礎をつくった。

先史学にも関心を持ち、シュリーマンのトロヤ発掘を支援した。
＊6　トロヤ王プリアモスの王妃。
＊7　アレクサンドロス大王に仕え、後にトラキア・マケドニアなどの王となった。在位は紀元前三〇六—二八一年。
＊8　古代ギリシアの哲学者。樽《たる》の中で生活したという。
＊9　フランスの東洋学者。古代ペルシア語、サンスクリット語、パーリ語に通じ、仏教原典の研究などを行った。
＊10　一フィートは三〇・四八センチメートルで、五十フィートは、約十五メートル。
＊11　絶世の美女ヘレナのこと。第二章の注23参照。

訳者コラム

## プリアモス王の財宝

シュリーマンは発掘をめぐる最初の著書『トロヤの古代遺跡』のなかに「トロヤの宝」発見の経過をくわしく述べている。西から掘りすすめた溝が周壁にぶつかったとき、城門の北西にある古い建物のすぐそばで、奇妙な形をした大きな銅製のものを見つけ、そのうしろに「黄金がきらめくような気がした」のは、第三章にあるとおり。シュリーマンは直《ただ》ちに「パイバス」を指令した。由来のはっきりしないことばで、トルコ語の「休息時間」にあたる。作業員が食事をしたり休んだりしているあいだ、彼は壁が崩れ落ちる危険のなかで作業をすすめた。

最初に発見したものは「卵形の盆の形をし、真ん中に狭いすじ（アウラクス）で囲まれた突起、あるいはほしのある、大きな青銅製の楯《たて》」だった。シュリーマンは直ちに『イリオス』に歌われている「ほし付きの楯」を思い出した。長さは二十インチ（一インチは約二・五四センチメートル。二十インチは約五〇・八センチメートル）よりやや短く、平板で、「オンファロス」と呼ばれるほしは高さ二・三三インチ、直径四・三三インチ、それを結ぶすじは、直径七インチ、深さ二・四インチ。

「つぎに出てきたのは純金の杯で……」

重さは六百グラム、高さ三・五インチ、長さ七・二五インチ、幅七・二インチで、二つの大きな把《と》っ手《て》のある船の形をしており、その一端に幅一・二インチ、もう一方の端に二・七五インチの飲み口がついていた。古代人の作法では、酒を満たして客人に差し出す際、敬意のしるしとして主人が先に小さな飲み口から飲み、そのあとで大きな飲み口を客にすすめたというが、そのために使われたものかもしれない。シュリーマンはホメロスのいう「両耳つきの台杯」だと考えた。ほかの品々といっしょに密集して見つかったことから結論を出した。「ホメロスがプリアモスの王宮にあったと述べているような木の櫃《ひつ》（フォーリアモス）に入れて、市壁の上に置かれたものであることは確かなように思われる」。

シュリーマンにとって、このとき掘り当てた建物は、トロヤ戦争当時のトロヤ王の王宮にちがいなかった。では、貴重な品々がなぜ密集した状態で周壁のそばに見つかったりしたのだろう？　まさしく危急存亡の時に、ここまで運ばれてきたからだ。シュリーマンは、幼い頃に眺めあかした絵入りの歴史書さながら、まざまざと思い描いた。

「おそらく、プリアモス王の家族の一員が、急いで宝を櫃に詰め、鍵《かぎ》を引き抜くひまもないままにその櫃を運び出した。しかし、市壁にたどりついたとき、敵の手か火が彼に追いついたので、彼はやむなく櫃を捨て、その櫃は、すぐさま、隣接する建物の赤い灰と石のために、五ないし六フィートの高さまで覆われてしまった」

生命の危険を冒してまで宝が詰め込まれたということは、銀製の壺《つぼ》の中身によっても判断がつくのではあるまいか？　そこには黄金の頭飾り（クレーデムノン）、髪飾り帯（アンピュクス）、また四つの金の耳輪が入っていた。さらに非常に奇妙な形の耳輪が五十六個、小さな黄金の輪や穴あきの角柱、金のボタンなどが八千七百五十個、またさらに六つの金の腕輪、二つの酒杯……。

頭飾りの一つには、鎖の先にキラキラ輝く黄金の像がついていた。人間の姿をしているが、顔は二つの大きな目をもったふくろうだった。シュリーマンがホメロスのいう「ふくろうの目をした」アテナを思い出し、黄金の像をイリオンの守護女神と考えたことはいうまでもない。

髪飾り帯は、長さ十八インチ以上、幅〇・五インチで、端に三つの打ち抜きがあった。四つの耳輪のうち二つはよく似ている。上から鎖がさがっていて、鎖の末端に「トロヤの守護女神の小さな像」が取りつけてある。

六つの腕輪のうち、二つはごく簡素なもの、三つ目は装飾つきの帯輪、残りの三つは二重になっていて、末端を折り返して留め金で留めていた。

「これらの腕輪をはめた王女は、異常に小さな手をしていたにちがいない。なぜなら腕輪は、十歳の少女でもはめるのが難しいほど小さいからである」

ほかの五十六個の耳輪は、大きさがまちまちだった。形から判断したのだろうが、シュリーマンには、そのうちの三つは「王女たちによって指輪としても用いられた」ように思えた。耳輪は、どれひとつとして形の上で、ギリシア、ローマ、エジプト、アッシリアの耳輪と似ていない。そのうちの二十個は末端が四枚、十個は三枚の薄片になっており、薄片はたがいにハンダ状のもので接合されていた。

八千七百余に及ぶ小装飾品は、輪の形、小さな立体形、角柱、薄片、穴あき、飾り鋲《びょう》、ボタン状、管状と、実にさまざまな形をしていた。ボタン状ないし飾り鋲は、剣や楯、あるいはナイフの吊《つ》り革（テラモノン）のようなものに使われたのではなかろうか。それかあらぬか、壺の底から小さな金の釘《くぎ》が見つかった。長さ〇・八インチ、太さ〇・〇六から〇・〇八インチの小さなもので、一方の端に吊るすための穴があいていて、もう一方の端には、ぐるっと取り囲むように六つの切り込みが入っている。なるほど、ねじのようだが、拡大鏡でみると、ほんとうはねじではないらしい。

「宝を救い出そうと努力した人は、上記の貴重な品々の入っている銀製の壺を、櫃の中にまっすぐに立てておくだけの落ち着きを、さいわいにも持っていた。そのために、玉一個さえころがり出さず、一切のものが、無傷のままで保存されたのである」

シュリーマンはこのように「プリアモスの財宝」を世に紹介した。いっせいに賛嘆の声がまき起こるはずだったが、予期に反して非難と嘲笑《ちょうしょう》が殺到した。

# 第四章 ミケネ

1874—1878

ペロポネソス半島に開けたアルゴスの谷のどんづまり、山越えでコリントへの道の始まるところにミケネがある。左右に巨大な岩をもつ峡谷の上、悠然とした高みに城《じょう》塞《さい》がつくられている。まるで石の塊《かたまり》から成るかのように確固としており、すでに古典時代のギリシア人には、その城壁が人間わざとは思えなかったのだろう。キュクロペス族[*1]がつくったなどといいそやした。

伝説によると、まずペルセウス[*2]と彼の一族がやってきた。ついで半島にその名を与えたペロプスの末裔《まつえい》アトレウスとアガメムノン[*3]が、この地にあって国を治めた。しかし、時はやく、歴史上の出来事を年代や時代でいうことのできるころよりさらに前に、ミケネは栄光をアルゴス[*4]に奪われ、王たちの宮殿にあった高貴なものは、ことごとく散逸した。町のいたるところを覆っていた陶器は、のちに移ってきて集落をつくった住人たちのあいだに、こわれて価値のないものとして残されたが、だれに尊ばれることもない。宮殿の上部は崩れ落ち、瓦礫《がれき》が層をなして積もり積もったところ、数百年後に一つのギリシア神殿が建てられた。かつての城壁は留め金や漆喰《しっくい》をほどこされていたわけでもないのに、その偉大さと重厚さをとおして崩壊を免《まぬが》れ、山をうがってつくられた地下の円形墳墓とともに残っていた。時代をこえて、古代の異様な華やぎを伝える驚くべき証人である。

二メートル、あるいはそれ以上の大きな石を組み合わせたミケネの城壁は、トロヤの城壁とはまるきりちがっていた。プリアモスのスカイア門のくだりで見たとおりだが、トロヤでは小さな石をゆるやかに積み上げた壁であって、のちの住人が人目に隠れて、ごく手軽に持ち去りかねないものであった。これに対してミケネの遺構は、その巨大さのため、いかなる蛮行にもびくともしない。シュリーマンはヒッサリクの発掘をひとまず切りあげたが、プリアモスの城を発見した勢いのおもむくところ、トロヤ王の最大の宿敵の居城、ホメロスのうたった「黄金《こがね》なすミケネ」を瓦礫の下から救い出そうと考えた。

一八七四年二月末、シュリーマンはためしにミケネのアクロポリスにいくつか竪穴《たてあな》を掘って、地層のぐあいをたしかめた。そのころフランス語でつけていた日記には、二日目に小さな陶製の牡牛《おうし》の頭部を見つけたことが書きとめてある。トロヤで顔の刻んである容器に「ふくろうの目をしたアテナ」を読みとったように、このたびは「牛の目をしたユノー」ではあるまいかと問いかけている。翌日、二人の作業員をともなってヘライオン[*5]へ行った。アルゴスの守護女神ヘラを祭った太古の神殿である。日記には、つぎのように記されている。

「ひどく寒い。作業員の一人は熱があるといって働かず、いま一人も、はじめのうちは働いたが、寒いといって仕事を放棄。われ一人、働く」

アテネにもどったのち、トルコ政府が裁判を起こしたことを知った。トロヤの発掘品の半分を引き渡せという。要求の根拠は曖昧《あいまい》だった。夢の実現のために汗水たらして働いた、その成果の半分を、コンスタンチノープルにゆずり渡さなくてはならない。当時はまだ今日のように、博物館を整備して、発掘品を自由な研究のために公開するといった見通しがなかったころである。裁判の経過と、トロヤ発掘をつづけるにあたっての交渉について、シュリーマンは書いている。

「裁判は一年つづき、トルコ政府に対して一万フランの賠償金を払うということで決着をみた。一八七五年四月、私は一万フランのかわりに五万フランを、帝室博物館の運用にあてるという条件つきでトルコ政府の文部大臣に送った。ついては自分は今後とも、トルコ当局と親密な関係を維持したい旨《むね》のことを書き添えた。——私にとってトルコ当局が必要であるように、トルコ当局も私を必要とするであろうと。

ときの文部大臣サフヴェト・パシャ閣下は、こころよく私の贈与を受け入れた。それに力を得て、一八七五年十二月末、みずからコンスタンチノープルへ出向いて、トロヤ発掘のための新しい勅令《ちょくれい》を働きかけた。友人のアメリカ代理公使マイナード閣下、イタリア公使コルティ伯、またサフヴェト・パシャ閣下、さらに大尚書[*6]にあらせられるアリスタルケス・ベイ閣下の支援を受けた。とりわけアリスタルケス・ベイ閣下は骨身を惜しまず尽力くだされて、勅令公布は目前のことと思われた矢先、突如として請願が議会によって却下された！

アリスタルケス・ベイ閣下は、急遽《きゅうきょ》私を、ときの外務大臣で、翌七六年、暗殺の悲運にみまわれたラシド・パシャ閣下に紹介してくれた。ラシド・パシャ閣下は教養深く、シリア総督を五年間つとめた人物であってみれば、トロヤ並びに古代への関心をよびおこすのは、さして困難ではない。閣下はみずから総理大臣マームード・ネディム・パシャ閣下のもとに出向いて、私のためにとりなしてくれた。その結果、ほどなくして、遅滞なく勅令を出すべしとの総理じきじきの指示が下った。私がそれを手にしたのは一八七六年四月末のことである。直ちにダーダネルスへ赴いた。そして発掘を再開するはずのところ、このたびは現地の総督イブラヒム・パシャが頑《がん》として許可をくれない。発掘再開を了承していないという。理由はどうやら、一八七三年六月に作業を中断してからというもの、もの見高い見物客がわんさと押しかけることとなり、そのつど一種の勅令のようなものを公布させられたせいらしかった。私が発掘を始めれば、当然、その種の作業は無用になるにちがいないのだ。にもかかわらず総督は、政府からまだ勅令が届いていないというのを口実にして、私を二ヵ月間、ダーダネルスに足止めにした。そして発掘再開の許可を出すのやむなきに至ったとみると、イゼット・エフェンディなる男を監督官として送ってきた。その任務というのは唯一、こちらの作業を邪魔することであった。私はやがて、このような状態では、とても発掘ができないことを思い知り、アテネにもどって、『タイムズ』宛《あ》てに手紙を書いた（一八七六年七月二十四日掲載）。手紙のなかで私はイブラヒム・パシャのやり口を文明世界に引き出して糾弾《きゅうだん》した。その記事はコンスタンチノープルの新聞にも転載され、その結果、一八七六年十月、総督はべつの州へとばされた」

このような報告を読むと、一八七六年の半ばまで、いかにもシュリーマンはトロヤをめぐるいざこざにかかりっきりだったように思えるが、そんなことはない。疲れを知らない彼は、この間、全ギリシアをくまなく旅行していた。名所古跡を訪ねては、旅日記に土地の伝承を、このたびはギリシア語で書きとめる。さらにまたイギリスやドイツやイタリアへ足をのばして、その地の先史時代の蒐集《しゅうしゅう》品とトロヤの発掘品とを比較する。一八七五年十月にはシチリアにあらわれた。古代フェニキアの要塞《ようさい》モティエ発掘のためである。[*7] 前五世紀の遺跡を見つけたが、もっと古い時代に熱中していたシュリーマンには、気持ちがつづかなかったのだろう、数日で切りあげた。一八七六年四月には、コンスタンチノープルよりマルマラ海沿いのキジコスへ出かけて、[*8] 短期間だが発掘をした。ローマ時代の基礎にいきあたり、ここもまた数日で中止した。

「邪魔だてなくトロヤ発掘に専心できさえすればいい」と、シュリーマンは先に引いた自伝のなかで述べている。「ともあれ私は六月末、ふたたびミケネに着手した。そしてこのたびは、すべての王たちの墓を徹底して究《きわ》めるまでやめることができなかった。この発掘がどのような幸運のもとに、さてもみごとな成功を収めたのか、そのしだいはよく知られている。途方もなく意味深い、注目すべき財宝を探しあて、それでもってギリシア国家を大きく富ますこととなった。未来永劫《えいごう》にわたり、あらゆる国々からの旅行者がギリシアの首都にやってきて、ミケネの博物館に収められた品々を目にするだろう。私が欲得《よくとく》なしになしとげた事業の成果であり、人々はそれを賛美し、学びつづけることだろう」。

ずいぶん気負ったことばであるが、その真実に対しては、なんぴとも疑いをいれないところだ。発見者の興奮がもう少し自制されて、ミケネの墳墓のゆたかな調度類が、どのようにして見つかったのか、より冷静に語ってもらいたいと思う人でも、真実を疑うわけにはいかないだろう。批判をさしはさむ向きは、発見現場にあったもろもろの事情を考慮に入れなくてはならない。

ミケネでは、シュリーマンは同時に三カ所から発掘をすすめた。城塞《じょうさい》の外の丘の斜面にある大きな穹窿《きゅうりゅう》式の墓を、*9古代の名所案内人《ベデカー》パウサニアスと同じように、彼はペロプス一族の宝物庫と考えていた。この世紀の初め、トルコのある総督が「古代の人々」の伝承を手がかりに、保存のいい、いうところの「アトレウスの宝庫」を発掘して黄金の財宝を見つけたことがある。シュリーマンは、あい似たものにいきあたるのを期待していた。さしあたっての目標は、アクロポリスに近いところの崩壊した、いかにもそれらしい建物で、それが財宝を収めている可能性があった。その発掘にはシュリーマン夫人が指揮をとった。内室の中央を基礎まで掘り下げ、墳墓の入り口の狭い通路は、後世がつけ加えた部分があらわれるまで、またギリシアの監督官スタマタキス氏の許可の出る範囲で、瓦礫を取り除いた。収穫は何よりも、入り口の建築学上の詳細が明らかになったことである。どっしりとした扉があり、これを手のこんだ美しい構築物が取り巻いている。左右には濃灰色のアラバスター*10でつくられた半円柱

「アトレウスの宝庫」（©iStock）

が立っていた。それぞれに溝が刻み込まれていた。この二本の半円柱は灰青色大理石づくりの蛇腹《じゃばら》[*11]を支えており、その円形板は、当地で木造に倣ってつくられる石の建物の梁《はり》の頭部になぞらえてある。蛇腹の上には壁があり、三角に開いた部分に赤大理石の石板がはめこんであった。ここに黄金の財宝はなかった。宝物庫という見方がまちがっていたことは、一年後のアッティカ[*12]における発掘の際にわかった。そこには穹窿式の墳墓のなかに、まだ人手にふれられていない遺骸《いがい》があった。その華やかな埋葬のためにつくられた建物だった。

　第二の課題はシュリーマンがやりとげた。瓦礫に埋もれていた城塞《じょうさい》の主門を掘り出したのである。門の上にはギリシア彫刻のなかでも最古の作とされる二頭の獅子《しし》が見張りをしている。今日、ミケネを訪れる人は、この主門の敷居をまたぐ。アガメムノンが出入りした、まさにその門である。

もっとも意味深く、またもっとも報われた作業は、獅子門のすぐうしろの発掘だった。シュリーマンは一八七四年の試掘によって、ここが城塞のなかでいちばんの低地にあたり、岩床までの堆積層がもっとも深いことをたしかめていた。彼はパウサニアスのことばにしたがい、王家の墓は城壁の内側にあるだろうと考えていた。そして発掘を始めてまもなく、地表三メートルから五メートルのところに、見るからに古代然としたレリーフを見つけたとき、直ちにパウサニアスを思い出した。レリーフは、いくつもの渦巻き模様のあいだに、戦車に乗った男を刻んでいた。戦争図、あるいは狩猟図と思われる。同じような墓石がさらに二つ見つかった。八月十七日の日記にシュリーマンは英語で記している。

「これらの墓はパウサニアスが述べているものではないだろう。なぜなら、彼がミケネを訪れたとき（紀元一七〇年）、古典ギリシア文明の時代のミケネは四世紀以上前に滅び去っており、町は一メートルもの地層に覆われ、アクロポリス*13の低い台地は、現在と同じように瓦礫の山だった。だからこの墓もまた今と同じく、地中深く四、五

ミケネの円形墓地（©bloodua/123RF.COM）

メートルのところに埋もれていた」

つづいてシュリーマンは、つけ加えている。

「とはいえパウサニアスがアガメムノンの墓について、またアイギストスとクリュタイムネストラ[*14]によって殺された従者たちの墓について述べているところは忘れてならない」

シュリーマンはまわりの発掘をつづけた。注目すべき陶片を非常に多くもった地層を掘りすすむと、やがて背の高い石板にぶつかった。それは二重の円環をつくっていて、大きな弧を描いて先ほどの墓を取り巻いていた。

円環を少し掘り出したとき、トルコ政府がシュリーマンに、ブラジル国王ドン・ペドロを、トロヤの遺跡に案内するよう要請してきた。シュリーマンは二週間、現場を離れ、ついては国王をミケネまでともなってきて新しい発掘の模様を披露した。その間、ギリシア考古学協会は発見された墓石を、ハルヴァティ村[*15]の出土品でつくった博物館に収納させた。墓石を取り去って判明したのだが、それは先に考えたように岩床の上にあったのではなく、竪穴《たてあな》を埋めて、その上に据えられていたのである。その穴はまっすぐ垂直に岩にうがたれていた。竪穴は五つあり、これを掘っていって、ある深さにきたとき、死者を葬るとき祭壇として使われた石板に行き合った。これを取り除いて、なおも掘りすすめると、六メートルのところで鋤《すき》が基底にあたった。そこには五つの墳墓に十五の屍《むくろ》が横たわった姿勢で葬られていた。死者たちはいずれも、おびただしい、さながらお伽噺《とぎばなし》に出てくるような黄金の飾りを身につけていた。

これが王家の墓であることは、その豪華きわまる装身具からも疑問の余地がないところだった。男たちの顔には、死者の面かげをかたどった黄金仮面がかぶさっていた。ゆたかな渦巻き模様をもつ黄金の板が胸を覆っている。女たちの衣服は黄金ずくめといってよかった。三人が葬られた一つの墓には、多くの紋様をもつ指の長さほどの黄金板が七百枚も詰めこまれていた。さながら鱗《うろこ》のようにして、かつての衣服を飾っていたものにちがいない。加えて彼女たちは黄金の腕輪をつけ、黄金の耳輪を飾り、黄金の王冠を頭にのせていた。それぞれに多彩な紋様がほどこされている。髪には水晶と瑠璃《るり》でつくった留め針がささっていて、首には宝玉が下がっている。宝玉には珍しい獣の姿だとか、王家の生活をしのばせる情景が刻まれていた。華麗な飾りとともに葬っただけではない。死者として黄泉《よみ》の国へと行かねばならない者たちのために、かの国で必要とされるものが取りそろえてあった。香油やオリーブ油を収めた陶器、青銅の器、銀器が屍のそばに置かれていた。銀と金の杯《さかずき》、黄金をちりばめた笏《しゃく》、黄金の鞘《さや》つき金銀仕立ての剣といったものが、亡き王のお供をする。王女たちは金の小箱や玉手箱をたずさえていた。さらに黄金の秤《はかり》が添えられていた。何かを象徴するものであろうが、いまだ解明されていないのである。

ミケネで発見された黄金仮面
(©scaliger/123RF.COM)

感激は一度ならず二度あった。ホメロスへの信仰が世にまたとない発見をさせた。シュリーマンはトロヤでも、高貴な金属からなる王の財宝を見つけたが、ミケネのそれにくらべると、にわかに色あせるのだ！　トロヤの工匠《こうしょう》たちは、杯や容器に珍しやかな材料を用い、自分たちの腕の及ぶ範囲で、より大きく、より重くつくりさえすれば、それで王への義務をはたしたにひとしかった。ミケネではまるでちがう。ミケネの宝は、はるかに進歩した文化の記念碑だった。原始の民にあっては手仕事に限度があって、生活に必要な器物に簡明な形を与えればそれでよかった。形づくられた素材が、まさに目的に対応する。ミケネの文化は、はるかにその域をこえていた。ミケネの民は、すでに芸術をもっていた。それを誇りにして、芸術家や工匠に、すべての日常品がゆたかな線描《せんびょう》で飾られることを要求した。陶工たちは形よい容器の輝くような色のなかに、複雑な模様を入れた。まずは渦巻きのつらなりである。さらに海辺で目についた海藻や貝殻といった図像である。かたつむりやムカデが紋様のなかに入りこんでくる。

金銀細工師はもっと大胆なことをやってのけた。貴紳《きしん》たちの装身具である黄金のうす板に、ゆたかな、流れるような紋様を押し出しただけではない。剣の柄《つか》を、金と銀とエナメルで象眼《ぞうがん》細工にするすべをこころえていた。しかも色あざやかな、いきいきとした図像で飾りたてた。また金の指輪に狩猟や戦いのシーンを刻みこんだ。神事と思われるが、説明のつかない描写もある。王に権力のシンボルを求められると、彼らは高貴な金属に闘牛の図を彫りつけた。そこには必ずや両刃《もろば》の斧《おの》が添えられる。明らかに動物の動きを正確に把握しており、古典ギリシアの美術を思わせる腕前だった。

シュリーマンはまたもや歴史と芸術に新しい世界を見つけ出した。それにしても、これほど浪費的な華やかさは、紀元前一〇〇〇年頃のギリシア人には異質のものであって、アジア的とはいえないか。実際、出土品には、古代ミケネとオリエント、またエジプトとのかかわりを示すものが認められた。この点をシュリーマンに指摘したのはチャールズ・ニュートン*16である。ロードス島*17の墓には、〝ミケネ風〟の壺《つぼ》とともに紀元前一四〇〇年ごろのエジプトの陰刻をほどこした宝石が発見されている。ニュートンによると、ミケネはその地層の深さにおいて、ギリシアで年代を定めることのできる最古の記念物のそれよりも、さらに古いと考えられた。ミケネの王家の墓から出たものは、ホメロスの時代のものに相違ない。華麗な品々のいくつかは、ホメロスの詩にうかがえるところと瓜《うり》二つのように似ていた。シュリーマンは思い出した。ネストール*18が身におびて、わが家からトロヤへと持っていった杯の持ち手には、四羽の鳩《はと》が刻まれていたというが、墓の一つから杯があらわれ、その二つの把《と》っ手《て》には金の鳩がのぞいていた。はたしてこれらの墓は、パウサニアスが見ようとしたあのもの、アガメムノンとその一族の墳墓ではないのか？　先ほどシュリーマンの日記を掲げたが、発掘を始めるにあたり、彼はその予測がまちがっていたことを、手ずから、はっきりと記していた。シュリーマン自身が述べているとおり、パウサニアスの時代には、墳墓は瓦礫のはるか下にあって、後のギリシア人にとって、それ以上のことは知る由《よし》もなかったのである。だが、王侯の光輝を目のあたりにしたとき、シュリーマンには屍のいくつかが、めだってあわただしく葬られているような気がした。もしそうだとすれば、クリュタイムネストラが、みずから手をかけた夫をそそくさと葬ったというくだりと一致する。シュリーマンは血が沸きたって夢がふくらんだ。ことホメロスとなると彼は疑いを知らない人であって、もはやこの墳墓はパウサニアスが述べたもの以外でありえない。シュリーマンは意気揚々とアテネに宛《あ》ててフランス語の電報を打った。

ギリシア国王ゲオルギオス陛下

非常なるよろこびとともにご報告いたします。パウサニアスの伝える墳墓を発見いたしました。クリュタイムネストラとその恋人[*19]により食事中に殺された者、またアガメムノン、カッサンドラ、エウリュメドンを葬るものであります。墓は石板によって円形二重に囲われており、これは貴紳にのみ許された形式であります。さらに私は墓とともに黄金づくしの莫大《ばくだい》な財宝を発見しました。その一つでもってしても大いなる博物館をつくるに足るものであって、世界最大の驚異たるものであって、未来永劫《えいごう》にわたり全世界の人々をギリシアへ引きよせるでありましょう。私はひたすら学問に対する愛をもって働いており、全財宝をギリシアに贈るにやぶさかではありません。この宝が、はかり知れぬまでに貴国を富ますことこそ神のみこころでありましょう。

一八七六年十一月十六日／二十八日

ミケネにて　アンリ・シュリーマン[20]

シュリーマンは十二月にミケネにおける発掘を終了した。翌年、部下の技師ドロシノスが現地にもどり、実測図をつくった。あわせて大墳墓の円環の近くで小規模の発掘を行ったところ、はからずも幸運な発見に恵まれた。

シュリーマン自身は『タイムズ』への報告に没頭していた。発掘の経過を明らかにして、ついては著書『ミケネ』にまとめあげる。出土品はギリシア考古学協会に寄贈した。協会はこれを、きたるべき博物館のために集めて整理した。シュリーマンは写真と図でもって、著書に資料を添付した。こののちもまた著書はすべてライプツィヒ[21]のブロックハウス書店より刊行をみたが、この本は丁寧につくられており、最初の著作『トロヤの古代遺跡』の多少ともセンセーショナルな図版とは大ちがいで、おのずから信用の度もちがっていた。この仕事の間、シュリーマンはかなりの間イギリスにいた。発掘品が引き起こした問題や謎《なぞ》について親しい学者たちと話し合った。ホメロスへの信仰と、言い伝えに対する彼の信念とは、大きな反響をよび、豪気なセルフ・メイド・マンへの賛嘆がみちあふれた。これはシュリーマンの祖国ドイツで、伝説の歴史的な核心にあたるものへの再検討の声があがり、評価に慎重だったのと対照的である。老グラッドストーン*22はシュリーマンの要請に応じて、著書に序文を贈り、そのなかでアガメムノンとクリュタイムネストラの墓が、まさしく現実に発見されたことの説得につとめている。『ミケネ』は一八七七年末に英語版とドイツ語版が同時に出た。フランス語版については、翌年にまたがってシュリーマンは手を入れた。

＊1　一つ目の巨人族。第二章注6参照。

＊2　ギリシア神話の英雄で、メドゥーサ退治で有名。ミケネの初代国王とされる。

＊3　ペロプスはペロポネソス半島（第二章注8参照）を治め、その名の由来となった。アトレウスは弟とミケネ王の座を争い、最終的に弟を追放して王位に就いた。アガメムノンは、アトレウスの子で、ミケネ王となり、トロヤ戦争では、ギリシア軍の総大将を務めて勝利を得た。

＊4　ペロポネソス半島の東北部、アルゴリス地方にあった古代都市。

＊5　アルゴスの北東、ミケネの南東に位置する山すそにあった神殿。
＊6　ここでは、オスマン帝国の一般行政の長官のこと。
＊7　シチリア島の西端沖に位置する、サン・パンタレオ島にあった要塞。モツィアとも。
＊8　マルマラ海は、トルコのダーダネルス海峡とボスポラス海峡の間の内海。キジコスはマルマラ海に南岸より突き出た半島にある古代遺跡。
＊9　穹窿とは半球形のこと。半地下となっており、アトレウスの宝庫、またはアガメムノンの墓とされる。シュリーマンが訪れたときには、すでに見つかっていた。
＊10　美しい白色半透明の鉱物である、雪花石膏《せっかせっこう》のこと。
＊11　ジムス。墓道から祭室に入る梁にある、円盤を連ねたように見える装飾物。
＊12　ギリシアのアテネ周辺。
＊13　小高い丘の上の都市を意味し、守護神の神殿を設け、非常時には要塞となる。
＊14　クリュタイムネストラは、ミケネ王にしてギリシア軍の総大将としてトロヤ戦争に勝利したアガメムノンの妻。アイギストスはアガメムノンの従兄弟《いとこ》で、クリュタイムネストラと共謀して、戦争から帰国したアガメムノンを殺害した。
＊15　ミケネ遺跡の入り口にあった村。現在はミケネ。

＊16 イギリス人の外交官、考古学者。
＊17 トルコの南西沖に位置する、ギリシア領の島。
＊18 トロヤ戦争のギリシア軍の将軍。
＊19 カッサンドラはトロヤ王プリアモスの娘だが、トロヤ落城により、アガメムノンの愛人としてミケネへ連れられるも、アガメムノンとともに殺害された。エウリュメドンは、アガメムノンの従者。
＊20 ハインリヒ・シュリーマンのフランス語表記。
＊21 ライプツィヒはドイツの都市で、出版が盛んだった。ブロックハウス書店は、ライプツィヒの出版社。
＊22 イギリスの政治家で、首相を四度務め、エジプトを事実上のイギリス支配下とした。趣味でホメロスの研究を行い、著書も出版した。

# 第五章 トロヤ 第二次・第三次発掘

1878—1883

シュリーマンが生涯の目的としたのは、鋤《すき》と鍬《くわ》でホメロスの舞台を見つけ出すことであった。そして間断なく努力して、伝説とされていたものが驚くべき真実の歴史であったことを、ものの見ごとに証明した。発見物が証人である。ひとたび心に決めたことは、なんとしてもやり抜く。このような人にとって、大きな成功は自分の行為をさらに高めるためのきっかけでしかない。というのは彼は休息や怠惰《たいだ》といったものを知らないからだ。一つをやりとげれば、つづいてもう一つである。自分にひと休みといったことを許さない。かくして彼はミケネの仕事を終えるやいなや、とって返してトロヤ発掘を再開した。

一八七三年に一度、打ち切ったとき、シュリーマンはトロヤの発見を契機に、学術的な機関、たとえば国立アカデミーといったものが設置されて、あとを引きつづいて調査してくれるのを願っていた。しかし、そのようなことにならなかった。そこでみずからでつづけることにした。一八七六年に手に入れた勅令《ちょくれい》は二年間という期限つきで、有効期間がすでに終了している。新しく勅令を得るについては、例によって多くの困難が予想されたが、コンスタンチノープル駐在のイギリス公使オースティン・ヘンリー・レイヤード卿《きょう》のあたたかい尽力によって、その困難もほどなく克服されるように思われた。手をこまぬいて交付を待っているなどは、シュリーマンの好むところではないのである。その間、イタカに動いて、十年前にオデュッセウスの町やフォルキスの洞穴、またエウマイオスの馬小屋を見つけたと信じた当の場所を訪れて、くわしく調査した。

トロヤの発掘を再開したときの模様を、彼はつぎのように述べている。

「作業員多数、それにかなりの数にのぼる荷馬車とともに、一八七八年九月末、私はふたたびトロヤへやってきた。再開に先立ち、天井にフェルトを張りつめた木造の建物をつくらせていた。全部で九室あって、私用にあてる部屋のほか、監督者、従者用、また訪問者を迎えるためのものであった。ほかに、出土品のうちあまり価値のないものを収納するための木造の建物一棟、これは食堂を兼ねていた。べつの一棟は、いずれトルコの帝室博物館と私との間で二分して保存されるはずの貴重な発見物にあてており、その建物の鍵《かぎ》はトルコの役人にあずけていた。荷車、手押し車、そのほか発掘のための道具を収めるために、さらにもう一棟。ほかに調理場と召使いのための石づくりの小屋が一つ、それに十人の保安官用が木造で一棟、これには厩舎《きゅうしゃ》が付属していた。こういった建物はすべてヒッサリクの北西の斜面につくらせた。下の平地に対して七十五度の勾配《こうばい》をもつところである」

「十人の保安官は全員、ルメリア[*1]から避難してきた者たちで、私は月額四百十マルクを支給した。彼らは俸給《ほうきゅう》に見合う働きをしてくれた。当時、トロヤを含むトロアス地方には盗賊がはびこっていたが、こちらには近づかない。また作業員に対しても睨《にら》みがきいた。ずる休みを許さない」

さしあたっての主眼は、一八七三年に傾斜路と南西の門の上手《かみて》で発見した建物を、さらにくわしく究明することであった。近くに大いなる財宝を見つけたのを理由に、シュリーマンはその建物を、いたってみすぼらしいものではあるが、プリアモスの宮殿とみなしていた。小さいながらも黄金の装飾品が見つかったりして、当初はシュリーマン説を裏づけるかに思われたが、学者たちから異議が出され、また嘲笑《ちょうしょう》まじりの批判が起こり、シュリーマンは、以後は「トロヤの最後の王、もしくは支配者の館《やかた》」といった、より慎重ないい回しをするようになった。

冬がめぐってきた。十一月末、発掘を中断。シュリーマンは数カ月、ヨーロッパに行く。だが翌年二月末には、はやくもトロヤへもどってきた。どんなに寒さが厳しくても、早朝、まだ暗いうちに起きて、保安官をお伴に、一時間のへだたりのある海岸まで馬を走らせ、海水浴をする。毎日の行事であった。そしてまだ夜明け前に帰ってきて、ヒッサリクの現場に入る。

百五十人の作業員のもとに発掘は急テンポで進んでいた。自分の発見に対し他人の目による検討を受けるため、すでにミケネのころから何人かの研究者に意向を打診していた。その一人がベルリンのルドルフ・フィルヒョウで、シュリーマンは現場におこし願えないかと声をかけていた。そのときは実現しなかったが、このたびはうれしいことに、先史時代の遺跡に関する権威である最良の学者フィルヒョウは、強い興味を示してくれたのである。そしてパリのエミール・ビュルヌーフ*2とともにトロヤへやってきて、あたたかい助言者になった。俗に「四つの目は二つの目よりもよく見える」というが、まったくである。二人の学者がもたらしてくれた新しい視点が、作業にいっそうの広がりと意味を与えた。トロヤの存在につき、もっとも早くに疑問を呈したデメトリオス*3は、ヒッサリクの下に広がるトロヤ平野がトロヤ戦争ののちにできたと主張したものだが、フィルヒョウとビュルヌーフは地質学的な調査により、そんな懐疑説が根も葉もないことを証明した。シュリーマンはフィルヒョウといっしょに古代遺跡の宝庫というべきトロアス地方を探索し、イダ山頂までめぐったりした。ドイツ公使ハッツフェルト伯が、イギリス公使レイヤード卿と連名で、トロアス平原における発掘許可の請願をしてくれたのは、フィルヒョウの口ききがあってのことである。すでに一八七三年のことだが、「パシャテペ」と呼ばれる丘にシュリーマン夫人を通して発掘をこころみたことがある。そのときは、めぼしい発見はなかった。このたびはシュリーマン自身がのり出し、小さな試掘をつづけるかたわら、平原のなかの主だった二つ、すなわちウェークとペシカの丘を発掘した。一つは八十フィート、もう一つは五十フィートあって、平原と海とを見はるかす。ヒッサリクからは一時間半のへだたりにあった。

ともに規模が雄大で、全体を掘っていって中心にいたるといった方法をとることができない。代わりに竪穴《たてあな》と横のトンネルを交差させる手法をとったが、はなはだ危険な作業だった。慎重に仕事をつくしたが、いぜんとして墓は見つからない。ウェークの丘の中心部にきて、四十フィートもの高さがある城壁を突きあてた。多角形の石を積んでつくった円環状の壁の上に立っている。墓そのものはまるきり見つからなかったので、シュリーマンは、この丘が古代ギリシアの風習にあったところの「空墓《セノタフ》」であると考えた。死者の栄誉のためにつくるものであって、屍《むくろ》そのものはべつのところに葬る。

トロヤでは、順調に作業がすすんでいた。周壁にそって掘りすすめ、何重にも積もった地層を一つ一つ開いていく。いうところの「第三市」[*4]は、当時は焼け落ちた町と考えられていたのだが、その全貌《ぜんぼう》があらわれた。下から数えて三番目である。というのは、しだいにはっきりわかってきたのだが、「支配者の館」の層の下に、丘全体に広がるべつの地層があった。さらにまたその六メートル下に、べつの層の残存がたしかめられて、それがそもそもヒッサリクの丘に定住を始めた最初の人間の層と考えられた。

1877年頃のシュリーマン

一八七九年七月、シュリーマンは第二次トロヤ発掘を終了、直ちにドイツに行き、いつものとおり、成果を整理する作業にとりかかった。三カ月の間、ずっとライプツィヒにとどまっていたのは、できるだけ早く印刷原稿を仕上げるためである。著書『イリオス——トロヤ人の都市と国 トロアス地方、特にトロヤ遺跡研究とその発見』は、一八八〇年末までの成果を盛りこんだものであるが、先の著書、つまりトロヤを世に知らしめた最初のものとくらべて、格段の進歩を示していた。先の著書は『タイムズ』へ送った報告を中心に構成されており、当然のことながら、発掘中に考えが何度も揺れをみせ、またそのときどきの興奮や感激があらわになっている。これに対して、このたびは秩序立てる努力がはっきりしていた。古代以来のトロヤ人の都市と国について、また発掘を通じて判明したことを冷静に書きとめている。だからこそフィルヒョウは『イリオス』の序のなかでこう述べることができた。

「宝の墳墓から、いまや一人の学識者があらわれた。ここには誠実な研究をつづけてきた歴史家兼地理学者と、伝承を信じつづけてきた詩人兼神話学者とが、みごとな調和をみせている」

著書のはじめにシュリーマンは、これほど並外れたことをなしとげた人には当然のことだが、みずからの伝記を記している。それはすでに、先に見てきたところである。つづいてトロアス地方の地理的条件、またその地の人類学を語った。そのあとトロヤそのものの歴史と、ヒッサリクの丘をトロヤ遺跡とすることについての新しい論を展開している。出土品を扱うのはこのあとで、人間が住みついた最基底部から始め、地層の順を追って発見物を分類している。十六メートルに及ぶ地層に生まれ、そして滅んでいった六つの町を区別した。いずれも単純な家具類によっても先史時代と考えられる。もっとも新しい第六市のあとに、ギリシアとローマのイリオンがつづく。それについてはアテナ神殿の彫刻のほか、多くの銘文入りの記念碑が証人として語っていた。発見物は丁寧に図解してあった。読者に理解しやすくなっていた。そのため、一つの場を通してはじめてここに、はかり知れないほどの古い時代にいたり、人間の歴史を逐一《ちくいち》追っていけることになった。

こんなふうにして情熱家シュリーマンは学問的な手続きを身につけていったが、その語り口においてはやはり、ひたすら個人的な欲求に導かれてやってきたとおり、唯一無二の人といってよかった。彼は自分のホメロスに忠実だった。ホメロスの歌は、いわば眼鏡であった。つねにこの眼鏡をとおして発掘品を見た。たとえホメロスの時代よりも何千年か古いものであれ、意に介さない。その剛毅《ごうき》な本性を知れば知るほど、彼にとって詩ではなく真実であることがよくわかってくる。自叙伝の告げているとおりである。幼い頃の最初の印象が生涯の方向を決定した。父が語ってくれた物語が彼の心をひきつけた。ホメロス以外では、彼の北方の故里《ふるさと》で発見された「巨人の墓」、あるいはまた太古の石器や陶器が、彼を美にみちた古典の国へと導いた。ホメロス信仰のほかに、シュリーマンには情熱的な先史学者といった一面があった。ごく粗末な石器を見つけ、その持ち手のつけ根が、通常見かけるように水平式ではなく、垂直に紐《ひも》を通して穴をあけたことに気がつくと、小躍りしてよろこぶ人であった。だから彼が太古の壺《つぼ》と技巧的なローマ時代の壺とを同じ棚に並べているといって、ある博物館に苦情を申し立てたとしても、なんら不思議はないのである。

「……類似した手製の美しい壺として、ブーローニュ＝シュール・メール博物館所蔵*5のものをあげておく。ところで当館の館長は先史時代の壺に関する無知によって、これをローマ時代のテラコッタ*6の部に入れている。願わくば私の指摘が館長の目にふれて、あの貴重なオイノコエ壺*7が、しかるべきところに移されんことを！」

この苦情はまた、いかにシュリーマンが熱心にヨーロッパの博物館をあまさず見てまわり、所蔵のコレクションとトロヤの発見物とを、ことこまかに比較検討していたかを伝えている。恐ろしくいろんな人と手紙をやりとりしていたこと、また幅広い交友が役に立った。自分の仕事の意味を確信しており、だれであれ旅の途上で出くわした人と、また驚くべきことばの能力により相手が何語であれ、発掘について何時間でも話し合うことができる。新しいことを知ると、それを正確に記憶にとどめた。そんなわけで『イリオス』に登場する人々のなかには、トロヤで出土した大きな壺についての稿を寄せた権威者にまじって、かのビスマルク公*8が顔を出す。シュリーマンは老公と一八七九年七月、キッシンゲン[*9]で知り合った。遠く中国からは、アシャンティ人[*10]からの略奪品に見られる鉤十字《かぎじゅうじ》についての報告が寄せられた。トロヤの紡錘車《ぼうすいしゃ》に見られるあのマークとの関連による。

　これらの寄稿にまして重要なのは、学識ある友人が、シュリーマンの著作を補足するようにして加えてくれた一連の論考である。イギリスの東方学者セースは、トロヤで出土した紡錘車や小さな筒にみられる飾り文様を、文字とするかどうかという厄介な問題に取り組んだ。セースはそれを文字だと考え、ギリシア人が文字をつくったよりもずっと古い時代に、トロヤ人は、小アジア一円で使われていたアルファベットを用いていたことを証明しようとした。おおかたの人から否定された見解であるが、一八九〇年の発掘の際に出土した紡錘車に、明らかに文字と思われるものが刻まれていて、彼の見解を実証した。ドイツのエジプト学者ハインリヒ・ブルクシュはシュリーマンの依頼に応じ、小アジアの民族についての報告を寄せた。紀元前二千年紀の銘文に語られているものである。ながらくトロヤに住み、すでに「トロヤ市民」というべきアメリカ人フランク・カルヴァートは、ヒッサリクから一時間のへだたりにある自分の地所ティンブラにおける発掘について報告した。それぞれが自分の専門に応じて語ってくれたわけだが、とりわけ学問的同志ともいうべき二人、フランス人エミール・ビュルヌーフとドイツ人ルドルフ・フィルヒョウは、シュリーマンが著作をまとめるにあたり強い力となった。ビュルヌーフは発掘現場の見取り図を、またその成果の地質学的究明《きゅうめい》を助けた。フィルヒョウには自然科学と先史学に対する膨大な知識があった。その博識は、ギリシアの詩文や英雄伝説においての、シュリーマンと肩を並べるほどの情熱と結びついており、この点、『イリオス』に序を寄せるには、当人を除くと、まさにこの人しかいなかった。フィルヒョウを越える文章は、だれにも書けはしないだろう。彼はあたたかく、また美しく、シュリーマンの大事業を称《たた》え、それをなしとげた人物を賞賛している。これはなかんずく必要なものであった。というのもシュリーマンはこれまで、無視と嘲笑《ちょうしょう》にさらされてきた。著作はおおく酷評を受けていた。フィルヒョウは述べている。

「シュリーマンが発掘を始めるにあたり、正しい前提から出たかどうかということは、もはや無用の問題である。成功が決定をみただけではない。発掘の方法そのものが証明している。彼の前提が大胆すぎ、恣意《しい》に偏《かたよ》り、あまりにも不滅の文学にのめりこみすぎていたとしても、彼の心情のこうした欠陥こそが、成功の鍵《かぎ》となった。いったいだれが瓦礫《がれき》の底を究めつくすまで、際限のない地層を掘り開くなどの無謀なことを思い立ち、巨額の費用を惜しまず、かくも孜々《しし》として作業をつづけることができたであろう？　確固として情熱に憑《つ》かれた人のみがこれをやりとげた。夢が鋤《すき》をとらなければ、トロヤはいまだ焼土のなかに眠りつづけていたはずである」

著書のしめくくりにみる、いかにもシュリーマンらしいことばを引いておく。

「終わりにあたり、願いを述べておくとしよう。初めて、鋤と鍬による歴史研究が学者たちに認められた。この研究がますます発展して、大いなるギリシア民族をめぐる歴史の暗部に、明るい光が射《さ》しこめる日の来《きた》らんことを。ホメロスの歌の告げる出来事が、不思議の物語ではなく、まさしく現実の事実であったことを、鋤と鍬の学問が、さらにはっきりと証明せんことを。その証明により、崇高なギリシアの古典、わけてもホメロスの研究へとそそがれる愛が、さらに高まり、さらに強まることを……。

私心なしになしとげた仕事についてのこの報告を、私は心からの恭順《きょうじゅん》をこめて文明世界の判定にゆだねる。わが生涯の目的として寄与したところが、広い承認を得るとすれば、それ以上のよろこびはなく、まさしく努めてきたことへの最高の報酬である」

自叙伝のくだりに述べている。

「私が所有するトロヤ遺跡の蒐集品《しゅうしゅうひん》は莫大《ばくだい》な価値をもっている。だが、売るなどのことがあってはならない。生存中にまだ寄贈していなければ、死後は当人の最後の意志に従い、私がもっとも愛し、評価する国の博物館に託されるべきものである」
これを書いたとき、シュリーマンが自分の母国を視野のなかにいれたかどうか、定かでない。彼は祖国に背を向けた人だった。すべてに絶望して、船の給仕になりヴェネズエラに去ろうとした。財産をつくったのはロシアにおいてである。アメリカの市民権を持っていた。理想の追求と世俗の商才とが結びついている点は、アメリカ気質に相通じる。古代の伝説や文学への情熱が彼をギリシアへと導いてきたし、そこにいまや「わが家」を持った。シュリーマンの仕事をもっともあたたかく迎えたのはイギリス人であり、すでに二年前からサウスケンジントン博物館[11]にトロヤの蒐集品が展示されている。七〇年代に始めた執筆は、まず英語で書かれた。旅上手なこの人が、文明世界のあらゆるところで、彼がもっとも愛し、評価する国としたのは、はたしてどこだろう？

今日、トロヤ出土品はベルリン[12]にある。シュリーマンとは相互の友情と尊敬で結ばれていた碩学《せきがく》フィルヒョウのおかげである。一八八一年一月二十四日の日付で皇帝ヴィルヘルム一世[13]は、寄贈者への感謝を述べている。それは皇帝直々《じきじき》の指示により、「プロイセン当局の管理下に置き、いずれ近い将来に実現をみる帝室博物館において、必要なだけの特別室をあてて展示するはずのものである。それらの部屋は、寄贈者の名を永遠にいただくであろう。同時に――」

と皇帝は内閣通達として述べている。

「かくも学問にとって貴重な蒐集品を祖国に寄贈されたことにつき、余はここに、心からの感謝と敬意を表すとともに、学問に対する貴方の純なる献身が、今後さらに祖国の栄光をいやますことを念願とする」

皇帝のみが敬意と感謝を示したわけではなく、シュリーマンもまた、多年の労苦が高く評価され、自分がビスマルクやモルトケといった名誉市民の仲間に入れられたことを、ことのほかのよろこびとした。以後、シュリーマンはしばしばベルリンに滞在するようになり、著作活動においても、これまで以上にドイツ語によってするようになった。

齢《よわい》六十に達し、これだけの成功と栄誉につつまれたのであれば、余人なら心安らかに引退するところであるが、それはシュリーマンの流儀ではない。たえずみずからを鍛えてきた彼は、老いの弱さをいささかも感じなかった。本性からして激しい行動の人であって、それまでに得られた認識をもとに、さらに新たな認識を求め、未知の世界へと旅立っていく学者が加わったのである。この旅は終わることがないだろう。『イリオス』が公刊をみるやいなや、すでに一八八〇年十一月から十二月にかけて、シュリーマンは妻とともに、ボイオティアのオルコメノス、一般に「ミニュアスの宝庫[*14]」と呼ばれているところの発掘にいそしんでいた。

ヒッサリクの地がいかに古い歴史をもつかが証明された。トロヤがあった場所として、これほどふさわしいところもない。立派な周壁と深い焼土の層は、トロヤ戦争の史実を証《あか》しだてるもののように思える。それにしても、このトロヤは、なんと小さい町であることだ！　もっとも広いところで二百メートルしかなく、たとえそこに六階建てが立ち並んでいたとしても、人口三千人もおぼつかない。にもかかわらずシュリーマンは著書『イリオス』のなかで、プリアモスの町はヒッサリクの丘に限られると主張していた。ホメロスは聖なるイリオスを、広い通りをもつ整然とした町として称《たた》えていたが、それはシュリーマンによると、ホメロスの時代にすでに町は瓦礫《がれき》の下に埋もれており、その上にのちの住人の住居があったわけで、そのため、言い伝えをもとにして詩的想像力を働かせたせいだという。『イリオス』が世に出て以来、とりわけ活発な議論がまきおこった一点である。かつての王の館が、トルコの農民の家のようにみすぼらしいとはなにごとか。シュリーマン自身も考えがゆらいできたが、ホメロスのことばに対する信頼は、鋤《すき》を入れてよりこのかた、一度も裏切られることはない。一八八二年、ゆるぎない自信をもってヒッサリクの丘につづく一帯を慎重に調査する作業を始めた。プリアモスの町に、ホメロスがうたっているのにふさわしい広がりを与えようとしたのである。前年には別の計画をたずさえていた。トロヤ人の居住地を求めて、何週間にもわたりトロアス地方を入念に調査した。しかし、ヒッサリクに比肩するほど深い地層をもつところはどこにもなかった。そこでトロヤ以外に大がかりな発掘をすることは断念した。

一八八二年とともに、シュリーマンの仕事のすすめ方、またその成果に対して一つの転機が訪れた。この人の学問的な鋭敏さを示すものにちがいないのだが、トロヤとミケネの財宝発見者という栄光につつまれながら、彼は自分の研究方法にたえず欠けたものを感じていた。たしかに瓦礫からあらわれたものは倦《う》むことなく蒐《あつ》めてきた。紡錘車のように数かぎりなく出土するものであれ、石斧《いしおの》やお守りの像のようにごく稚《ち》拙《せつ》なものであれ、あるいはまた幸運にも突きあたった王家の財宝であれ、まずは蒐める。つづいて、それぞれの意味、かつての用途を究明する。その際、フィルヒョウをはじめとする斯《し》界《かい》の権威に助言を請《こ》うた。だが、何かがたりない。先史時代の記念物について、ふつう学問的には、個々の墳墓をめぐって論考がなされる。だがトロヤでは事情がちがっていた。ここは全体が巨大な城壁をもつ大きな造営物というべきものだ。その成立と、かつての外観を確定するためには、建築家の手を借りなくてはならない。この点、シュリーマンの幸運でもあり、人間を見通す眼力を示すものだが、この困難な課題のために、まさにぴったりの人物が見つかった。

帝国ドイツあげての大がかりなオリンピア発掘が終了したのは一八八一年である。あらゆる手段が動員され、建築家、美術史家、文献学者が発掘に協力した。ヴィルヘルム・デルプフェルト*15はその一人である。ベルリンで建築士の国家試験を終えたのち調査団に加わり、五年間、アルティス*16の発掘現場で古代建築に対する研鑽《けんさん》を積んだ。シュリーマンは先にウィーンの建築家と話をつけていた。ウィーンのアカデミーで賞を受けた建築家で、トロヤ発掘に協力する旨《むね》の約束をとりつけていた。彼がいかに痛切に作業現場の不備を感じていたかがよくわかる。すなわち一八八二年の初め、デルプフェルトがドイツ考古学研究所派遣の建築家としてアテネにきたと知るやいなや、直ちに新しい発掘に引き入れた。

このときの作業は一八八二年三月から七月までつづいた。またしても瓦礫から先史時代の調度品類がわんさと出てきたが、もっとも大きな収穫は、見つかった建物をめぐり、はっきりした全体像がつかめたことだった。ひとえに建築家の参加があってのことで、彼らの熟練した目が見てとったところでは、「王の館」の壁は焼土の上にあるにはあるが、それは外の大きな周壁をつくっていた堆積《たいせき》の上にある。つまるところ焼け落ちたのは下から数えて第二の「市」であって、シュリーマンが思いこんでいたような「第三市」ではないのである。すでに述べたとおり、丘には、くり返し新しい住人がきた。新しく建物を建てるにあたり、古いのが邪魔になると容赦《ようしゃ》なく引き倒した。いまやその跡は、縦横に基底壁が走っていた。さながら迷路のように見える。しかし、遺跡を慎重に洗い出して計測していくと、ある一つの建物の構造がはっきりと浮かんできた。それは第二のものよりも、より深いところに遺構を残している。空間的にも時間的にも交錯《こうさく》した建築の層を、平面として分離していくと、迷宮の謎《なぞ》が解けた。追求の結果、判明したところでは、周壁のなかには、間口が狭くて奥行きの深い、一定して同じつくりの建物が軒を並べていた。そのなかで中央の一つは他を圧して大きかった。構造はその後もおなじみのもので、入り口のホールにつづいて、大きな長方形の部屋がくる。もっとも簡素なギリシア神殿を思わせるが、しかし、円柱はまだなかった。加工ずみの石は玄関の敷居と、壁の突出部に使われた程度で、乾燥レンガづくりの壁の場合には、加工石が外まわりの補強の役目をもっていた。建物の屋根は粘土を干し固めたもので葺《ふ》かれていた。こういった素材からすると、建物は農家風の粗末なものに見える。しかし、その広い空間どり、見はるかす丘という立地条件、また防御のためにつくられた堂々たる周壁が、誇らかにべつのことを語っていた。この建物の属していた王家の力を物語っていた。基本のプランがギリシア神殿に似ていることから、さしあたりはこの建物もまた神殿であったと考えられた。のちのティリンス発掘によってようやく確定されたのだが、神殿ではなくて王の宮殿だった。その点は除いて、もはや疑問の余地はないまでに明らかになったことがある。つまり、トロヤの盛期には、民衆の住居を丘につくる余地はなかったということ。だから市民のための「下町」があったにちがいないのだ。時の風化、新住民の到来、あるいは犂《すき》に掘り返されて地上から姿を消したが、丘の背後につづく高台をくわしく調べると、より深い層に多くの古い破片類が含まれている。城塞《じょうさい》から近いところの人家の遺構にあたるものはまだ見つけられていないにせよ、たしかに下町が存在していたことを思わせた。つまるところ丘の上は、大きな町のただ一つの城塞で占められていたのである。ホメロスがうたっているとおり、イリオスの町のペルガモス、つまり城がそびえていた。詩人がイリオスについて、整然とした、通りの広い、聖なる町といったとしても、とりたてて詩的誇張をしたわけではないのである。

このようにシュリーマンは建築家の助力のもとに、掘り返された土中から新しい宝を見つけ出した。一八七三年の黄金の器にいささかも劣らず貴重な財宝だった。ただ紙の上だけ、平面図に記されただけのものだが、限りなく意味深い。お伽噺《とぎばなし》のように古い時代の建築様式に対して、いまや明るい光が射《さ》し落ちたのである。

この発掘と並行して、シュリーマンはヒッサリクの外でも数々の発掘をした。何人かの英雄たちの墳墓を求めた試し掘りであって、その一つは通称「プロテシラオスの塚」といった。ダーダネルス海峡をわたったところ、トラキアのケルソネス*17の先端にある。そこでもまたトロヤと同じような陶器が出土したのは興味深い。残念ながら、その地の発掘は、近くの要塞《ようさい》のトルコ軍司令官の命令で、まもなく中止しなくてはならなくなった。シュリーマンは、自分は退いてもいいが、自分の費用で発掘をつづけたいと請願書を出したものの、許可されなかった。

この種のことを考えあわせると、一八八二年の発掘がいかに大変な事業であったかが、よりはっきりするのではあるまいか。というのは、成果はすべて、トルコ文部省が監督のために派遣した係官とのたえまのないイザコザのなかから生み出されたものなのだから。

現地の砲兵司令官は、古代遺跡の発掘というのは見せかけであって、実際はヒッサリクから一時間のダーダネルス要塞の見取り図をとるのが目的だと思いこんでいた。そのため発掘現場での測量器類の使用禁止を申しわたしただけではない。係官によると、当人及び監督官には、建築家が測量しているのか、記録をとっているのか、図面をつくっているのか区別がつかない。だからして発掘中は、いかなるメモもとってはならず、どのような図面も引いてはならない。シュリーマンは述べているが、もしこの禁令に違反するときは、建築家を逮捕して、鎖《くさり》つきでコンスタンチノープルにしょっぴいていくとおどかされた。学術上の目的をいいたてても、ドイツ大使館の抗議をもってしても、砲兵司令官の石頭には効き目がなかった。ビスマルク公の口添えを借りたのだが、それでもほとんど事態は好転しなかった。この年の末に発掘を終えた頃、フォン・ラドヴィッツ氏がコンスタンチノープル駐在の大使となり、個人的にトルコ皇帝から許可をとるべくはからってくれた。それでようやく、必要な図面をあと追い式につくることができた。一八八三年刊行の『トロヤ』には、A・H・セースの序と並び、そのようにして完成された図面が付されている。シュリーマンはこの著書に、このたびの発掘をとりまとめた。

＊1　オスマン帝国（トルコ）が治めた、バルカン半島一帯のこと。
＊2　フランスの東洋学者。第三章の注9参照。
＊3　前三～二世紀頃の古代ギリシアの地誌学者。著作の一部が後代の歴史家に引用されて伝わる。

＊4　トロヤ遺跡は九層からなっている。シュリーマンは焼土のある層を、三番目に古い層である「第三市」と見ていたが、現在ではこれは「第二市」とされる。なお、『イリアス』に描かれたトロヤは、現在では「第七市」が最有力とされているが、シュリーマンの発掘によって大きく破壊されてしまい、詳細が分からなくなっている。
＊5　フランス北部のブーローニュ＝シュール・メールにある博物館。
＊6　粘土で成形して低温で焼成させた焼き物。
＊7　古代ギリシアで作られた、大きな把っ手が一つ付いている水差し型の壺。
＊8　プロイセンの政治家で、後にドイツ帝国成立の功労者となった。別名「鉄血宰相」。
＊9　正式名称はバート・キッシンゲン。ドイツ中部の都市。
＊10　アフリカ西部、現在のガーナ共和国に住む民族。
＊11　現在のヴィクトリア&アルバート博物館。ロンドンにある国立博物館。
＊12　ベルリンの民族博物館が所蔵していたが、第二次世界大戦でソ連軍がベルリンを占領したときに引き渡され、現在はロシアのプーシキン美術館に保管されている。
＊13　ドイツ帝国の初代皇帝。
＊14　オルコメノスは、ギリシアの中部のボイオティア（ボイオーティアとも）地方に

あった古代都市。遺跡が残り、なかでも「ミニュアスの宝庫」と呼ばれる大穹《きゅう》窿《りゅう》墓《ぼ》は、ミケネの「アトレウスの宝庫」よりも大きい。

＊15 ドイツの建築家、考古学者。

＊16 ゼウスの神殿、ヘラの神殿などがある、オリンピアの神域。なお、オリンピアは古代オリンピックの開催地。

＊17 ダーダネルス海峡を構成する、トルコのヨーロッパ側にあるガリポリ半島のこと。

訳者コラム

# 発掘のこと

古代エジプト、メソポタミア、ポンペイ、トロヤ、クレタ……。さまざまな発掘があり、そのたびに土の下から未知の文明があらわれた。発掘では、土地の言い伝え、伝説、遺物の断片、あるいは乏しい資料から一応の予測が立てられる。それをもとにして発掘にかかる。発掘の進展につれて、予測はつねに変更される。下からあらわれる世界が、机上の予測を裏切るからだ。

シュリーマンの場合、そうではなかった。まずはっきりとしたトロヤの予測図があり、土の下からあらわれる世界こそ発掘者のイメージに従わなくてはならなかった。シュリーマンにとってホメロスは絶対であり、これは変更を容赦しない。信仰にちかいホメロス熱がシュリーマンに栄光をもたらした。とともに少なからぬ非難と攻撃を生み出した。

発掘現場へ赴く前にシュリーマンには、まざまざと思い描いたトロヤがあった。だから現地に着くやいなや、これまでいわれてきたブナルバシがまちがいであることに気がついた。そして、さも当然のようにヒッサリクに白羽の矢を立てた。海からの距離、丘のたたずまい、冷泉の有無、すべてが『イリアス』のいうところに合致するからである。見取り図どおりだった。

では、どのように幻の町を掘り出せばいい？　ホメロスによると、トロヤは高い城壁をめぐらしていた。主門スカイア門があり、そこにはまた塔がある。城内の中央、一段と高いところが神殿で、トロヤの女たちがひざまずいて祈りを捧《ささ》げた。神殿に近いところにプリアモス王の館がつづく。シュリーマンにとってヒッサリクの丘はトロヤのためにあった。基盤の上に建てられたはずで、当然いちばん下にある。

おのずから発掘の方針が定まった。自伝に語られているところを客観的に整理していうと、つぎのようになる。中心のアテナ神殿を求め、地盤にとどくまで深い溝を掘る。一八七一年、丘の西北から中心部に向かって十メートルに及ぶ溝を掘りすすめた。土器や青銅器は見つかったが、神殿には至らない。こんどは南から掘りすすめ、南北の発掘溝が一つになったが、いぜんとして神殿はあらわれない。二年目、発掘の範囲をひろげたところ、石を敷いた台地や建物の壁にぶつかった。シュリーマンは小躍《こおど》りした。トロヤを見つけたと思った。さらに翌年、傾斜した石畳を掘りあてる。彼はこれこそスカイア門にいたる傾斜路と考えた。この門を入ればプリアモスの宮殿に達するだろう。期待に胸をふくらませて掘りすすむと住居地にぶつかった。王の宮殿にちがいない。目的を達したので発掘を終了。その直前に、有名な宝飾品や武器を発見。宮殿で見つけたのでプリアモス王の財宝にちがいない。シュリーマンは意気揚々とひき上げた。つづいて一八七六年、ミケネを発掘。ホメロスの歌ったところを、鍬《くわ》と鋤《すき》で実証した。『タイムズ』紙を通して大ニュースが世界中を駆けめぐった。

ところが予期に反して学界からは冷笑と批判しか返ってこない。これに答えるためには、遺跡そのものに語らせるしかない。それにシュリーマン自身、腑《ふ》に落ちないことがなくもなかった。「プリアモス王の宮殿」は、大きさの点でも構造においても、予測に反してあまりにも貧弱だった。彼はこれを「トロヤの最後の王、もしくは支配者の館」と表現を改めた。一八七八年にはじまる第二次発掘は新しい様相を示し始める。とともにシュリーマンその人が変化をみせた。ホメロスに憑《つ》かれた風変わりな素人発掘者から、本格的な古代史の専門家へと変貌《へんぼう》を始める。

「トロヤ最後の王の館」の下には、さらに古い時代の建物が見つかった。とするとホメロスが歌ったトロヤは下から数えて三番目、つまり「第三市」ということになる。それにしても、この程度の城壁では、数百人が攻めてかかればひとたまりもないだろう。十年に及ぶ攻防の場にしては、あまりにも小さすぎる。学界の批判と攻撃に答えるためには、さらに大規模な第三、第四次の発掘がなくてはならず、成果を整理する建築の専門家が不可欠になった。ヴィルヘルム・デルプフェルトが現れるのは、この時期である。以後は若く有能な建築家が、くり返し見取り図を訂正していく。

その後の発掘で明らかになったところによると、ヒッサリクには七市があって、トロヤ第三市は実は第二市にあたる。シュリーマンもその事実を承認した。では、七層に重なったヒッサリクの丘とホメロスのトロヤとは、いかなる関係にあるのだろう? シュリーマンは解決の前に急死した。それをしたのはデルプフェルトである。彼はシュリーマンの死後もヒッサリクの調査をすすめ、最終的な結論を出した。すなわち、丘には合計九市が認められ、ホメロスのトロヤはそのなかの第六市であり、繁栄のあとをとどめる第二市は、実はそれ以前であって、年代でいえば前二五〇〇年から二〇〇〇年、第六市は前一五〇〇年から一〇〇〇年と推定した。この結論を提示したデルプフェルト著『トロヤとイリオン』は、ヒッサリクの丘に建てられた友情の記念碑であり、シュリーマンの夢の完結篇にあたる。
第二次大戦後、アメリカの古代史学者ブレーゲンを中心とする調査団が徹底的に再調査をした。その報告によると、第六市は地震によって崩壊したもので、その直後に第六市の上に建てられた第七市Aこそホメロスのトロヤに相当する。年代的には第六市は前一九〇〇年から一三〇〇年、第七市Aは前一三〇〇年から一二〇〇年。

それでもなお、まだ解明されていない。とりわけ繁栄した第二市は、いかなる民族の残した文化なのか。そもそもトロヤ戦争は実際にあったのか、なかったのか。第六市はミケネ文明に属しているが、ホメロスの記述と一致しないのはどうしてか。その謎の深まりぐあいからいうと、シュリーマンが夢みながら鍬を握っていたころと、あまり変わってはいないのである。

# 第六章 ティリンス

1884—
1885

ミケネから二、三時間くだって平坦《へいたん》な海岸に近づくと、ゆるやかな台地の一角に長くのびた一つの丘が見える。ティリンス[*1]の王が城を構えたところである。丘を取り巻いて城壁が走っているが、それはミケネの周壁と同じように、荒々しい威厳といったものをそなえている。この城壁についても古い言い伝えがあり、キュクロペスが伝説の王プロイトスの命を受けてつくったという。ミケネに近いため、やがてその支配下に入った。同じく伝説のいうところだが、ティリンス人ヘラクレス[*2]はミケネのエウリュステウス王[*3]に仕えたという。アルゴス王が最終的にミケネを屈服させたとき、ティリンスも運命をともにして荒廃へと向かった。このような事情のせいで、つくってはこわされ、人が住み、また去っていったトロヤの城塞《じょうさい》とくらべ、はるかにはっきりと前二千年紀の王城の姿をとどめている。

ミケネで運を試すに先だち、すでに一八七六年八月の初め、シュリーマンはティリンスの台地で一週間ばかり発掘をした。その際、かなりの遺構を掘りあてたが、その価値に気づいたのは、前章で述べたトロヤ発掘の成果を踏まえてのちである。そのため『トロヤ』ドイツ語版と英語版の刊行、および『トロヤ』と『イリオス』を合本にしたフランス語版『イリオス』の編集を終えたのち、シュリーマンは一八八四年三月、本格的な発掘に取り組むためにティリンスへやってきた。ギリシア政府の許可は取得ずみで、デルプフェルトの建築学上の助力を受けることも決まっていた。発掘は一八八四年から翌年にわたってつづけられ、一八八五年はシュリーマンの委託を受けてデルプフェルトがとりしきった。実質的な発掘期間は四カ月半だった。シュリーマンはティリンスから一時間の距離にあるナフプリア[*4]の町に宿をとった。徹底して実際的人間であるシュリーマンの、この間の暮らし方が興味深い。みずからそれをつづって『ティリンス』の序につけている。

「私はつねづね、朝は三時四十五分に起きるのを習慣にしていた。起きるとマラリア予防のために四グラムのキニーネの錠剤を飲む。それから海水浴をする。一日一フランで雇っていた船乗りが、きっかり四時に港で待っている。彼のボートで沖に出て、海にとびこみ、五分から十分ばかり辺りを泳ぐ。ボートにはタラップにあたるものがついていないので、艪《ろ》につかまって海から上がらなくてはならない。毎度のことで慣れていたので、事故一つ起きなかった。

海水浴のあと、いつも、黒くて苦い珈琲《コーヒー》を飲んだ。カフェ〝アガメムノン〟が早朝から開いており、物価が恐ろしく値上がりするなかで、ここだけは十レプタ、つまり八プフェニッヒ[*5]という良心的な値段で飲ませてくれたからである。なかなか上等の馬を一頭、六フランで借り上げていたが、その馬がカフェの前に待機している。馬を走らせると、二十五分のうちにらくらくとティリンスに着く。まだ日の出前で、同じ馬を送り返して、ドクター・デルプフェルトを迎えにやった。朝食は通常、最初の休憩時間である八時ごろにとった。場所はティリンスの宮殿の柱があった基盤の上、そこにすわって食べる。まずはシカゴ・コーンビーフで、いまなお親しい間柄にあるロンドンのヘンリー・シュレーダー商会がどっさり送ってくれたのを備蓄していた。パンと新鮮な羊乳のチーズ、オレンジ二、三個、飲み物は松脂《まつやに》入りの白ワイン（レッィーナ）[*6]、辛味がキニーネとちょうど合っていた。それに暑さのなかで根をつめて仕事をするには、あっさりした白のほうが、腹に残る赤ワインよりも適していた。

二回目の休憩は十二時からで、はじめは一時間だったが、酷暑の到来とともに一時間四十五分に延長した。私たちと作業員たちは同じように休みをとった。城塞《じょうさい》南端のたたきの二つの石が枕《まくら》というわけである。労働で疲れると、ここちよく眠れる。読者のみなさまに請《う》けあっていうのだが、土の上にじかに寝て、じりじりと太陽が照りつけていたにもかかわらず、ティリンスのアクロポリスにおけるあの昼寝ほど快適な眠りはまたとなかった。日かげをつくるのはインド帽だけ、それを斜めに顔にのせた。

二回目の、そしてこれきりの食事は、夕方ホテルにもどり、そこの簡易食堂でとった」

古典古代のパウサニアスは、王城の遺跡について、つぎのように述べている。

「ティリンスに唯一残ったリング状の城壁はキュクロペスがつくった。自然のままの石を積み上げたもので、どれも非常に大きい。もっとも小さい石ですら、ラバ二頭で引っぱってもびくともしない」

そのとおりである。鋤《すき》、鍬《くわ》と、鋭い目で仕事にかかったのは、そんなところだった。ギリシアの地にある最古の城塞として掘り出された遺跡は、まさにそのようなものであった！

今日、シュリーマンやデルプフェルトの本を道案内にして、ティリンスの傾斜路を上っていくと、狭い入り口にくる。両側には、岩そのものが根源的な力でせりあがったような壁がそびえている。これを入ると暗い、ゆるやかな傾斜の通路にきて、坂をのぼりつめると門址《もんし》に着く。かつてはミケネの獅子門《ししもん》のように行く手をさえぎっていたはずだ。そのうしろで道幅はやや広くなるが、いぜんとして大きな城壁内の狭い通路にいることに変わりはない。

つづいて前庭にくる。左手の壁のなかに天井の低い歩廊が開けている。番兵の兵営であった。奥の厚い周壁のなかにある倉庫への通路を固めていた。右手には第二の門をもつ建物がある。その堂々としたたたずまいは、まわりの城壁とも共通するものである。柱廊を通って入っていくと、すでにひっそりした城内にいる。宮殿の広い前庭であり、衛兵たちの部屋をいくつか抜けて、王の居室にいたる飾り門の前にくる。いくつもの門を通過する方式は、王の生活様式を示しており、彼はトルコのスルタン[*7]のように、一般人からへだたったところにいる。いくつもの段階の衛兵や宮廷人をすり抜けてこなければ御前に近づくことができない。ここに宮廷生活が営まれていたころ、ふつうの人間はティリンスの王の居室の前庭に入ることすら容易ではなかっただろう。

ともあれ私たちは貴族たちにまじって、足を踏みこむことにしよう。

広い前庭から門前の階段を上がって、正面の歩廊に入る。これをすすむと奥の広間に出る。かなりの広さをもち、親しみのある装飾がいろいろとほどこされていて、王の居室に近いことを告げている。床は清楚《せいそ》なたたきになっていて、四方に四つの歩廊が開け、木の柱が支えている。柱の上には彩りゆたかな梁《はり》が突き出ていて、そのため静かに閉ざされた空間が、どこかしら修道院の中庭をつつむ回廊を思わせる。宮殿への扉と向きあったところに祭壇がある。一族の守護神の栄誉のために、王は祭壇に牛の血を捧《ささ》げた。まさしくこの守護神から、一族の始祖が犠牲《いけにえ》の斧《おの》を手にしたのだ。支配者の目はひたすら南の明るい方に向けられている。この狭い場所は民衆からも国からもへだたっていたからである。

祭壇の向こうこそ、私たちの逍遥《しょうよう》の目的である。誇らかな、また華やいだ入り口が口をあけていて、その先に王の広間がある。この国の、また招かれてやってきた工匠たちが、王に仕えて腕を振るった。すっくとのびる柱は上にいくほど太くなり、一面に飾り文様がほどこされている。壁の柱は珍しい木で覆われ、その上にバラの花をかたどったブロンズがレリーフ状にはめこんである。壁の袖《そで》はアラバスター板をいただいて白々とした光を放っている。間に宝石のような青いガラスが埋めこまれていて、べつの光を送ってくる。壁自体がまた色あざやかな絵で埋まっていて、それは幻獣や、狩猟や、王の戦いをあらわしていた。三つの大きな開き戸があって、大広間の控室と結んでいるが、外来者がまず通るのは控え室の横の扉であって、そこを抜けて浴室に行く。身を浄《きよ》め、香油を塗り、衣服を改めてから王の御前に出る。広い石の敷居をまたぐやいなや、やわらかい光につつまれる。中央が一段と突き出た木造の屋根の側面に天窓があって、そこから光が漏《も》れ落ちてくる。四本の細い柱が屋根を支えている。広間の中央に彩色された円形の炉が置かれていて、そこから煙が立ちのぼり天窓の方へと流れていく。

宮殿の描写はこれぐらいにしておこう。ひときわ大きく、はれやかな王の広間を、いくつもの小部屋がとり囲んでいる。一つの廊下が王妃の部屋と結んでいる。結ばれていながらも、それ自体が独立したような体《てい》をなしていて、そこにもまわりに中庭や広間や小部屋がある。さらに召使いたちの部屋と家政用の建物が付属している。全体の秩序、また門や塔や倉庫をそなえて、全体をつつむようにして走っている周壁をはっきりいうためには、シュリーマンの著書『ティリンス』につけられた平面図が必要だ。しかし、いま述べたことからだけでも、シュリーマンとデルプフェルトが紀元前二千年紀の城塞を、いかに明瞭《めいりょう》に日のもとに引き出したか、十分におわかりいただけるのではあるまいか。

こまかい技術上の特徴から、またひとしい飾り文様からも、ティリンスの城塞が、ミケネの城や墳墓がつくられた大いなる文明の時代に由来するのはひと目でわかる。八年前、シュリーマンは幸運にも、おごそかな死者の崇拝と、これまで未知であった世界における輝かしい王たちの姿をよみがえらせた。そしていまやティリンスの発掘

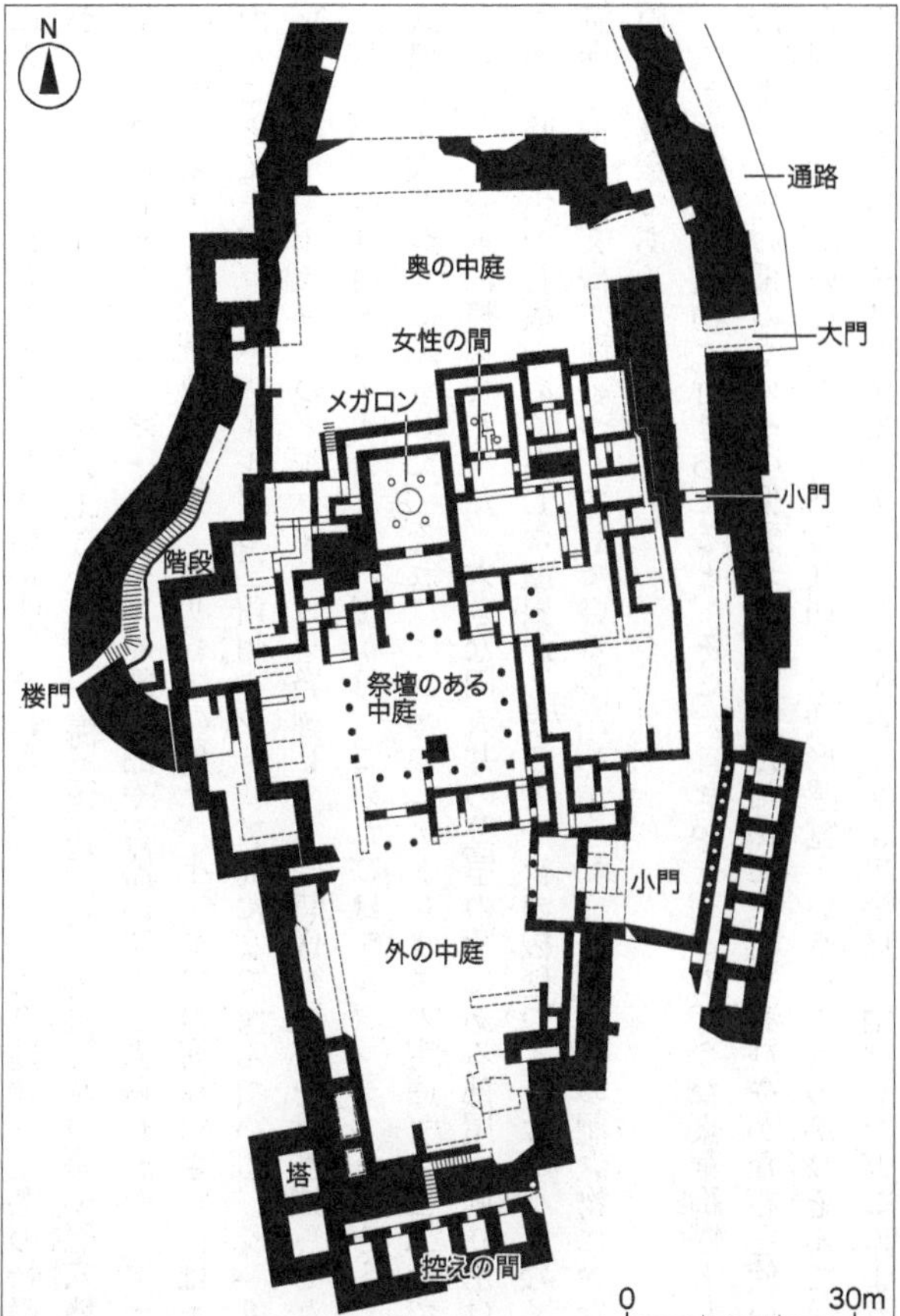


ティリンスの城塞の平面図

によって、王たちが生活した住居が明らかになった。ひとたび建物や工芸の特徴がわかってくると、以後、毎年のようにエーゲ海の周辺から、穹窿《きゅうりゅう》式の墓や竪穴《たてあな》墳墓が見つかりはじめた。ミケネ・スタイルの調度品や容器が続々とあらわれた。アッティカ、ボイオティア、テッサリア、ギリシアの島々、小アジアの海岸、さらにはエーゲ海をこえてキプロスやナイル川の三角州[*8]やシチリア島にまで及んでいる。シュリーマン自身、ボイオティアのオルコメノスを発掘して、同時代の遺跡を世に知らせた。一八八六年、彼は再度ボイオティアに出かけ、このたびはデルプフェルトとともに穹窿式墳墓を大がかりに調査した。それはミケネの「アトレウスの宝庫」と瓜《うり》二つで、しかもさらに豪華に整えてあった。大きな円天井の墓室の脇にある部屋を掘りあけたところ、暗緑色の石板をめぐらした屋根が、まるで一枚の絨毯《じゅうたん》のように、くまなく線や渦巻きやバラ文様で埋めつくされているのがわかった。エジプトの記念物におなじみの飾り文様である。

ミケネ時代の遺物に行きあたると、そこにはきっと、このような豪華絢爛《けんらん》とした装飾がある。その種のものへの偏愛がある。ふんだんに宝石や雅《みや》びやかな石を使い、また線の文様や絵の描き方に、ある共通した造形感覚というべきものがひそんでいる。キプロスからシチリアまで、テッサリアからギリシア半島の南部まで、このように似通った記念物が見つかるのは、ゆたかな海上交易の結果であり、ひいては、ある時代に、この地中海世界に覇《は》を唱えていた民族がいたからに相違ない。では、それは、どのような民族だったか？

ホメロス以後は鉄が人を引きつけた。鉄製の道具や武器がミケネ式の記念物といっしょに出土した例はなく、また、あれほどやわらかい貴金属の加工に熟達していた者たちが、青銅器や石の道具しか用いていないことからも、これがかなり古代に属する文化であることは明瞭《めいりょう》だった。にもかかわらずシュリーマンが叙事詩の時代と関係づけ、さらに遠く、とっくに忘れられていたものを叙事詩がよみがえらせて、英雄たちを生かし、戦わせた時代との関連を指摘したのは、正当だったといわなくてはならない。叙事詩が称《たた》えている黄金の山は、ミケネの出土品があますところなく証明した。ネストルの杯[9]はそっくりそのままのものがミケネの墳墓から得られたではないか。そしてこのたびはティリンスで、多くの点で驚くほどホメロスと類似した王城跡が見つかった。王の大きな男子用ホール[10]で、求婚者たちが饗宴《きょうえん》を開いている。同じ男子用のホールでファイエケス人の王はオデュッセウスを出迎えた。そして炉に近いところの柱にもたれ、王妃アレテが糸をつむいでいる。オデュッセウスの宮殿と同じくペレウス[11]の宮殿でも、中庭にゼウスを祭る祭壇があった。そしてその中庭を、音の響きのいい柱廊が取り巻いていた。そういった部屋がそっくり、同じような配置のもとにティリンスにある。ホメロスの場合と同様に、ここでも男の部屋と女の部屋が同じようにして分けられている。とりわけ、アカイア人[*12]のなかのもっとも富める者が住んだといわれるところ、それはミケネであって、まさしくそこでシュリーマンは財宝にたどり着いた。シュリーマンの発掘により、またギリシア考古学協会が引きつづいておこなった発掘によって、王族から出たと思われる記念物を含むもっとも若い層は、いぜんとしてあの文化に属することが明らかになった。それによっても遺物と伝説とが一致していることがわかる。歴史によれば、すでにホメロス以前の時代にミケネ王国が滅亡していたように、叙事詩の時代以前に王城は荒廃していた。シュリーマンが、たしかにアトレウスの城塞[*13]を掘り当てたということ、ホメロスの歌は実際に支配者たちを記憶していたということ、この結論を否定するのはむずかしいにちがいない。

このような事実にもとづくシュリーマン及び他の多くの人々の結論は、海岸や地中海東部に散在するミケネの文化は、ホメロスのうたった戦争の時代、つまりホメロスのアカイア人にまでさかのぼるというのである。歴史時代に入ってその王国は崩壊した。べつのギリシア種族が台頭した。ドーリア人がギリシア北部の山岳地帯からペロポネソス半島に侵入してくる。粗野な山岳民族が洗練されたアカイア人を圧倒する。

のちに出て来る、明らかにギリシア的と認められる時代の衣服や調度類が、いちじるしく単純で芸術性に乏しいのは、このせいである。前一千年紀の初めの金属加工の技術と芸術性が、前の時期よりめだって劣るのも、同じ理由による。

シュリーマンの発見によって開かれた文化の担い手は、ギリシアにあってはギリシア人、つまりアカイア人だったと仮定すると、そこには強い東方からの影響が見てとれる。まるで東方の趣味に唯々諾々《いいだくだく》と、ひれ伏すようにして身をあずけたかのようであって、自分たちの民族的な特徴については、まるで考えなかったかのようである。フェニキアのアスタルテ*14の装飾がミケネ王妃の衣服を飾っていた。ミケネの貴紳《きしん》たちの服に特徴的な黄金づくしは、ギリシアの大地が産出したものではない。おそらくは小アジア産のものである。同じようにガラス玉や陶器の小物が飾りに使われていたが、ガラスや焼き物はフェニキアやエジプトの発明である。どちらもついぞギリシアに根づこうとはしなかった。象眼法《ぞうがん》による貴重な小刀には猫が描かれていた。猫は川岸のパピルスの茂みにひそみ、水鳥を狙っている。ナイルにのみ見られる情景にちがいない。このような、またほかにも多く見られる非ギリシア的な要素は、発見物の性格からして、フェニキアやエジプト産のものが大量に運ばれてきたというだけでなく、もっと総体的な東方からの影響を示しており、そのため多くの学者は、発見物がそもそも前ギリシア時代に由来すると仮定している。そのときはヘラス[15]がカリア人[16]や他の小アジア海岸の民族に占められていた。シュリーマンは伝説を示して、東方依存の事実を指摘した。伝わるところによると、もっとも古いギリシアの王たち、カドモス、ダナオス、ペロプスといった者たちは、フェニキア、エジプト、あるいはフリギア[17]から渡来してきた者たちだというのである。

　このようにしてミケネ、ティリンス、オルコメノスにおけるシュリーマンの発見物は、新しいオリエントをめぐる問題を提起した。ギリシアの古代史にとってだけではなく、地中海諸国の歴史にとって、きわめて重要な意味をもっていた。以後、つぎつぎと新しく、おびただしいまでの記念物が見つけられた結果、しかるべき場を手がかりにして努力しさえすれば、いずれ近い将来、ギリシアの精神《ゲーニウス》の生成が理解され、はるかにホメロスをこえ、ギリシア民族がギリシアの地にやってきた遠い日々までもわかる日がくるのではあるまいか。いわゆるミケネ時代に、ギリシアの住人が強く東方に依存していたことを、今日の私たちはよく知っている。それはシュリーマンには、ティリンスの発掘のあと、少しずつ説明のついていったことであり、だからこそ彼は、さらに東方へとすすんで鋤《すき》を入れることになった。

＊1　ギリシアの古代都市。伝承では、巨人キュクロペスに助けを借りて、プロイトスが建国、初代王となった。

＊2　ギリシア神話の英雄ヘラクレスは、ティリンスの生まれとも言われる。怪力で有名で、あやまって子を殺した罪を償うため、冥府《めいふ》の番犬ケルベロスの捕獲など、十二の難業を行ったという。

＊3　ヘラクレスの母アルクメネの従姉弟《いとこ》で、ミケネの王。ヘラクレスに十二の難業を課した。

＊4　ナフプリオとも。ギリシアの、ペロポネソス半島東部の港湾都市。

＊5　レプタはギリシアの通貨単位で、百分の一ドクラマ（ドクラマはユーロ導入前のギリシアの通貨単位）。プフェニッヒはドイツの通貨単位で、百分の一マルク。

＊6　ギリシアで製造されている、松脂の香りのついた白ワイン。

＊7　トルコにおける君主のこと。

＊8　アッティカはアテネ周辺、ボイオティアはギリシア中部、テッサリアはギリシア中東部、キプロスはトルコの南に浮かぶ島。ナイル川の三角州は、エジプト北部でカイロ以北に位置する。

＊9　ネストルはギリシア神話における、メッセネの都市ピロスの王。黄金の装飾がな

された杯を愛用していた。
＊10　ギリシア神話における、幸福の島スケリア島のファイエケス人の王、アルキノオス。
＊11　ギリシアのテッサリアの南部、プティアの王で、アキレスの父。
＊12　ホメロスの叙事詩における、ギリシア人の総称。
＊13　ミケネ遺跡にある城塞のこと。
＊14　アスタルテは、フェニキアで性愛を司る女神として信じられたという。
＊15　ギリシアのこと。古代ギリシア人が、自らの土地をヘラスと呼称した。
＊16　トルコ南西部の古代の地名。
＊17　トルコ北西部の高地にあった古代の地名。

# 第七章 晩年

1885—1890

かつてのメクレンブルクのしがない徒弟は、いまや発掘から帰ってくると、アテネでもっともすてきな館《やかた》の住人である。青春時代は貧しかった。からだは弱く、その目のとどくところは故里《ふるさと》近辺だけ、何をするにもまず日々のパンが問題になった。その彼がいま、まさにみずからの手で獲得したものを身におびている。壮大な資産、強靭《きょうじん》な肉体、あらゆる国々に及ぶ人々とのつながり、ホメロス的古代に捧《ささ》げた研究の成果。まったくこれは、またとない人物だった。

大きな目的をもち、ゆたかな成功に恵まれた人間は、おのずと玄妙な魅力をもつものだが、この人がまさにそうである。風変わりな経歴と、栄光に輝く発見は、文明世界に強烈な印象を与え、世の人々を魅惑した。アテネにやってくる旅行者は、イギリス人であれ、アメリカ人であれ、ドイツ人であれ、あるいは他の国の人であれ、アクロポリスと博物館をひとめぐりしたあと、きっとシュリーマンのもとへとやってくる。

彼が妻と自分のために建てた館は、「イリオンの小屋」といった意味のギリシア語名をもっていた。荒涼としたイリオンの城塞《じょうさい》上の粗末な小屋で過ごした日々にちなんでいる。使用人の一人はベレロフォンといった。もう一人はテラモンである。二人は、ふくろうとトロヤの鉤十字《かぎじゅうじ》をあしらった鉄の格子の前で訪問者を迎える。

ミケネの財宝になぞらえたモザイクが階段を飾っている。柱廊のスタイルをとった通路には、ホメロスの詩句をかたどる大きな金文字が輝いている。

当主の仕事部屋と蔵書は最上階にあり、テラスからアテネのアクロポリスが眺望できた。

背後に沈む太陽がアクロポリスの丘を紅や金色に染めわける。主人は片ときもじっとしていない。ときには、つぎの発掘の下準備のための手紙を書いている。ときには財産管理にいそしんでいる。またときには、古代ギリシアの作家、あるいは古代風のスタイルをとった現代作家の本を手にとっている。部屋にやってくる学者に対し、シュリーマンは自分のいちばんお気に入りのことば、ホメロスをはじめとして古代ギリシアの遺産をもとに習得したギリシア語で話しかける。休むことを知らない自力の人の特徴だが、ギリシアを定住の場と決めたのちも、現代ギリシア語を使わず、独自のやり方でホメロスに没頭して、そこから習いとった特有のことばで話す。そのことばでは対話ができない人には、相手の母国語に従う。客をもてなすことは古いギリシアの遺風であり、まさにホメロスに学んだところであって、ギリシア女性ソフィアがいつもかたわらにいた。二人は過去と理想をともにしていた。当主がゆたかな記憶のなかからホメロスの詩句をとり出して、恍惚《こうこつ》として朗誦するとき、夫が口をつぐんだあとを夫人がつづける。

妻と二人の子供アンドロマケとアガメムノンのいるアテネの館のなごやかな雰囲気は、休むことを知らないシュリーマンにとって、ひと仕事終えてのち、つぎの仕事の準備までの間につかのまの憩いをとるところだった。晩年はやや多くなったが、それにしても、つかのまのこと。夏には、アテネ人がいうところの〝ヨーロッパ〟へ出かける。パリとベルリンに家があり、そこに滞在して友人を訪ねる。一八八六年には、キューバの資産管理のために大西洋を往復した。同年、数日の間ロンドンにいた。あるイギリスのジャーナリストに、ティリンスの宮殿について異議を申し立てるのを自分の使命のように考えている人物[*1]がいた。問題の宮殿は、城塞の瓦礫《がれき》のなかに建てられた教会と同じく、ビザンツ時代のものだというのである。そのような意見を唱えて、イギリス建築界の大御所ペンローズを自分の陣営に引きこもうとした。シュリーマンは盟友デルプフェルトとともに討論会で論陣を張った。当然のことながら、事実を正確に述べさえすれば、専門家は納得する。あまつさえシュリーマンは功績により、王立英国建築家協会より金メダルを授与された。

一八八六年から八七年にかけての冬は、ナイル川で過ごした。仕事の緊張がつづいていた。『イリオス』と『トロヤ』をあわせて一冊としたフランス語版のめどがついたのを機会に、静養がしたくなった。そんなとき、シュリーマンはいつもひとりで過ごす。もともとエジプトの古代文明に深い関心があり、古い伝説や遺跡に魅了されていた。ホメロスの物語が生まれた頃はいうまでもなく、さらにその前のトロヤの全盛期ですら、エジプトはすでに数千年の文明をもっていたのであって、しかも、その文明を証言するものが地上に残っている。フィルヒョウによると、そのようなエジプトがシュリーマンの古代観のなかに色濃く影を投げかけていた。記憶に刻みつけたエジプト古代王朝の年号を数えあげるだけで、シュリーマンはすでに陶然《とうぜん》としてくるのだった。

初めてエジプトへ出かけたのは一八五八年のことである。そのときは現地のことばができなかったので、船長との契約の際、法外な金額をとられた。そのときの船旅の間にすでに、シュリーマンはアラビア語の勉強を始めた。文字を覚え、いつもの勉強法で、短期間のうちに通訳を必要としないまでになった。アラビア語で書く力を身につけて、ひきつづいてシリアまで足をのばした際、アラビア語で日記をつけた。

このたびのエジプト旅行は、ギリシア語でくわしい旅日記をつづっている。アテネから使用人を一人、お伴につれてきたが、彼は肺を痛めており、保養のため旅のはじめに小さな町にとどめてきた。そのため、三カ月に及ぶ旅行中、シュリーマンはまったくの一人旅だった。借りきった帆船でナイル川をルクソール*2までさかのぼり、また下ってきた。船は三本檣《マスト》で、専用の乗組員がいた。

「風が凪《な》いだり、逆風になったりしたが、それはなんでもない。私の唯一の悲しみは、時があまりに早く去っていくことだった」

シュリーマンは、そんなふうに述べている。

「孤独でいたあのときほど、時間があわただしく過ぎ去ったことはない。それはどうやら、私があまりにいろいろしようとするせいらしかった。七時に起床して、半時間ばかり甲板を行きつ戻りつする。ついでお茶を飲み、卵を三個食べ、煙草《たばこ》をふかしながら、さらに一時間ほど歩きまわる。ついでアラビア語の本を一時間、そしてエウリピデス*3に二時間あてた。食後にまた一時間の散歩。四時半まで学術論文に目を通す。それから六時までブラブラしたあと夕食をとり、さらに砂漠の爽快《そうかい》な大気のなかを一時間半ばかり歩きまわる。そのあと床につき、一日の日記をつける」

シュリーマンは日記のなかに、エジプトの風土や住人の習わしなど、ことこまかに書きとめ、目にとまった記念物を詳細に写しとっている。そういった描写と並んで、日記にはもう一つ、特色ある記述がしだいに多くなってくる。夢の記録であって、夜の夢のなかに登場する近親者たちのことを、彼は克明に書きとめた。

ピラミッドの国の旅は気に入ったらしく、シュリーマンはあくる年の冬にも出かけている。このときは一人ではなく、友人フィルヒョウと一緒だった。フィルヒョウの手になる回想記を通して、シュリーマンという人物が現地のアラブ人にいかなる印象を与えたか、まざまざと見てとれる。それは白人の「不思議な人」であって、司祭や裁判官のようなことばを話すだけでなく、書くこともできるし、夜になると、首長の小屋の前でヤシの木の下に輪をつくった者たちにまじり、恍惚として聖典コーランの章を朗誦する。信者たちは頭を垂れ、ついには額を大地につけて祈りつづけるのだった。

このような旅のなかで、新しいエネルギーを貯《たくわ》えて、もどってくる。

シュリーマンはヌビアの神殿の壁画に魅了されていた。ラムセス大王とその一族が、北方民族、つまりケタ人と呼ばれたヒッタイト人と戦ったさまを描いていて、オロンテス河畔カデシュの包囲の模様が見てとれた。*4 ずっと前からシュリーマンはセースの研究を通して、トロヤ文明とこれらの諸民族とのかかわりに注目していた。カデシュ発掘の準備をすすめていたが、メソポタミアにペストが発生して中止のやむなきにいたった。もう一つ準備をすすめていた計画があった。クレタ島のクノッソス[*5]である。この発掘を通して、東方の「ミケネ」文化がギリシアに伝播《でんぱ》するにあたり、仲介の梯《はし》子《ご》の役目をはたしたものを明るみに出せるのではないかという期待をかけていた。シュリーマンはデルプフェルトとともにクレタへ行って、大きな宮殿の遺跡がティリンスの場合のように放置されているのをたしかめた。ギリシア人の最初の海の支配者であるミノス王[*6]の城が見つかるかもしれないのだ。だが、土地取得の交渉は遅々としてすすまず、発見物の所有をめぐっての権利関係も、さっぱりらちがあかない。どのつまり、クレタ島に暴動[*7]が起きて、発掘はさたやみになった。おりもおり、シュリーマンに異議を唱える人物のなかでも、もっともたちの悪い一人が登場した。その結果、シュリーマンは、いまひとたび、愛するトロヤへ赴くことになった。もっとも、これは一つの幸運といってもよかっただろう。

退役大尉ベッティヒャーという人物である。何年も前から彼は、一度もヒッサリクの遺跡を見ることなしに、たてつづけに論文を発表して、独自の見解を述べていた。シュリーマンの著書のあちこちを恣意《しい》的につづり合わせ、トロヤ遺跡は大きな火葬場にほかならないという結論を引き出し、ついにはシュリーマンとデルプフェルトがまちがいを犯したと告発した。写真もデータも偽りであって、古い宮殿説をでっちあげるため、不都合なものを故意に破壊したというのである。一八八九年にパリで開かれた人類学会へ、ベッティヒャーは著書をもってあらわれた。驚くべきことであるが、その妄想の書が、著名なフランスの古代学者の支持を得たのである。シュリーマンも学会に出席していた。彼はベッティヒャーの著書がいかに混乱を引き起こすものであるかを見てとって、即座に決心した。論難者を直接トロヤへ招き、遺跡の前で議論を交わそう。あわせてトロヤの発掘をもっと大規模に再開しようと心に決めた。

「パラス・アテナ[*8]よ、万歳！」

デルプフェルトに宛《あ》てて、自分の決心を伝える手紙を、シュリーマンはこのように高揚したことばで書き出している。現地での討議は十二月初めにヒッサリクで開かれた。ベッティヒャーはいぜんとして自説を撤回しようとしなかったが、証人としてやってきた専門家たち、ウィーンのニーマン教授やプロイセン王国陸軍少佐シュテフェンらは、シュリーマンとデルプフェルトの見解を支持した。それなりの成果が得られてシュリーマンは満足した。

ドイツ大使フォン・ラドヴィッツ氏の尽力によりトルコ政府の許可が出るのを待っ

て、翌年の三月一日、シュリーマンは最後のトロヤ発掘を再開した。彼は好んでスカマンデル平地に隆起する高台にもどってきた。自分の熱情が根づいたところであって、心の故里であり、土地も人もよく知っていた。人々もまた彼をよく知っている。新しい発見以外に、このたびの目的は、ホメロスによって歌われた、まさにその場所に城塞があったとする長年の仕事の成果を、ベッティヒャーの徒輩《やから》の横槍《よこやり》にも微動だにしないよう確証づけることにあった。そのこともあってシュリーマンは、当の発掘現場が、できるだけ多くの専門家の目にふれることを願っていた。自分の仕事が古代のギリシア研究にどれほど寄与するものであるか、なるたけ正確なイメージをもってもらうのが、晩年に力をそそいだ一点だった。発掘の成果を集大成した本がカール・シュフハルト博士の手で編まれ、ライプツィヒのブロックハウス書店から出るのに同意したのも、同じ希望からである。同様の趣旨にもとづき、発掘現場のすぐわきに宿舎がつくられた。人呼んで「シュリーマノポリス」、シュリーマンの町というわけだ。十四名が宿泊できるもので、最初の月に、はやくもすべての部屋が満室になった。やベッティヒャーはあいかわらず、あちこちの新聞に非難や誹謗《ひぼう》をつづけていた。やむを得ず三月末、シュリーマンは二回目の、より大がかりな討論会を呼びかけた。結果は、シュリーマンとデルプフェルト側の大勝利に終わった。この討論会にはフィルヒョウも参加していて、会が終わったあと、二人はイダ山へのひどい道を馬で往復した。この小旅行のとき初めて、シュリーマンの耳の病いが容易ならざるものであることが明らかになった。フィルヒョウの見解によると、両耳の骨のぐあいが問題で、厄介なことではあるが、一度きちんと手術を受けてみる必要があった。こののちもシュリーマンはしばしば難聴を訴えたが、なにしろ六十八歳になってもいたって元気で、また発掘に追われているし、週ごとに入れ替わって新しい客がやってくる。だれひとりシュリーマンの訴えをまともにとらなかった。最後の数週間は妻や子供たちがやってきて、ヒッサリクの丘に楽しいわが家をつくったものである。

　このたび、シュリーマンとデルプフェルトは主だった課題を二つにしぼり、その方向に作業員を動員した。以前とちがい、だれも邪魔だてしなかったので、作業は順調にすすみ、いわゆる「第二市」を残りくまなく掘り出した。さらにその外の部分の発掘をつづけた。のちの歴史と、下手《しもて》の町との結びつきを明らかにしたかったからである。

　二番目に古い「市」、つまりは城塞の部分だが、そこを調査した結果、ヒッサリクの丘の八ないし九ある遺構層のひとつだけで、三期に及び拡張工事のおこなわれたことが明らかになった。最古のものはいちばん内側にあり、だからしてもっとも小さな周壁をつくっていた部分だが、このたび初めて、それを識別することができた。二度にわたり城塞の支配者は全体を拡張している。前方に壁をつくって旧《いにしえ》のものを覆い、それによって城塞の内部空間を拡大する。城塞を広げれば、それに応じて門の位置も変えなくてはならず、そのたびに宮殿全体を新しくつくり直さなくてはならない。古い基礎壁の上に、ずれた方向で建物をのせたので、遺跡の見取り図をつくっていくと、たがいに重なり合った網状のものができる。さしあたりは、いちばん上の網目がもっとも明瞭《めいりょう》に区別される。大きな城門を入ると、ティリンスの場合と同じように、さらに小さな楼門があり、これを抜けると前庭に入る。そこに支配者一族の大メガロン*9が並んでいた。このような大規模な建築群が何度も拡張されていることからも、ダーダネルス海峡の喉首《のどくび》にある城塞をめぐり、どのような歴史がくりひろげられ、いかなる変転があったものか、推測できるというものだ。だが全体は深い瓦礫のなかに埋もれていて、いつのころ最盛期を迎えたのか、いまのところまだ判定ができない。かつてここに住んでいた民族の名前もわからない。シュリーマン自身も、この点、しだいに断念の方向に傾いた。彼の著作において、城塞の全体像がわかるにつれ、遺跡とホメロスを結びつける度合いがしだいに弱まっていったのは当然のことであり、学問的にも正しかった。歴史的にしかと関係づけられないために、遺跡を前にしても、ある種のものたりなさを覚えるかもしれないが、その代わり、まさにここに地中海民族のもっとも古い町の形態が、どこにもないほどの規模をもって歴然と示されている。

トロヤの古代は、それほど雲をつかむようなことではなく、またあらゆる手がかりがたち切られているというわけでもなかったのだ。シュリーマンの最後の発掘の最大の収穫は、二つの先史文明、すなわち古代トロヤとミケネの関係を、まさに当の古典世界の現地において解明したことである。全容とはいかぬまでも、それを大きく開いてみせた。このたびの発掘で、シュリーマンは二番目に古い城塞の周壁の前に力をそそいだ。明らかにこの壁は、かつて、さえぎるものは何もない状態で、スカマンデルとシモイスの谷を見下ろしていた。のちにこの外側に十六メートルにも及んで住居跡の瓦礫が堆積《たいせき》した。それは当然、いわゆる「第二市」より新しかった。図からも、いま述べた関係が想像できるのではあるまい

「第二市」の傾斜路と城壁

か。そこには右に城壁が見え、右手前方に瓦礫の壁がそびえている。城塞の没落後に生じたもので、ローマ時代に、この瓦礫の壁に要石《かなめいし》が置かれた。外に露出していたのは、もっとも上層の堆積部分だった。その部分から城塞の基底まで、横に層をなした六層の住居跡を判別することができた。

「第二市」の滅亡後、そのすぐ上に三つの層をなして住みついた住人は、残された物より判断するところ、最古の城塞の住人と同じように原始的で粗末な道具類を使っていた。第四の層にいたり、堆積はすでに八メートルに及んでいた。古い城壁の下層部が、はるか下に埋もれたころ、あるはっきりとした違いが生じた。この遺構層から発見された容器は、はるかに優美な形をしていた。質の変化とあわせ量的変化も見てとれた。ともに先の時代とは歴然と違うのである。出土した陶器は二種に分けることができた。一つは薄手の陶土よりできていて、びっしりと飾り模様がほどこされている。ミケネ発掘の際、おそらく大量に、また驚くべき多様さをともなってあらわれたのと同じものだった。これは地中海沿いのあちこちの地点でも見つかった。おおかたが輸入品と考えられ、トロヤにおいても同様である。そのみごとな陶土の使い方と優美な形は、もう一つの種類の陶器といちじるしく違っていた。こちらは、順次それなりに発達してきたとはいえ、トロヤ土着のもので、より深い層にあるものにも見られる、おなじみの旧来の特徴を色濃くとどめていた。

ここから仮説が立てられるのではあるまいか。ミケネ製品の輸入は、トロヤの製陶業者に大きなショックを与えたにちがいない。おもうにトロヤの最古の住人たちは、生活に必要な壺《つぼ》や鉢を、家事の範囲で女や奴隷につくらせていた。ミケネ産が少しずつあらわれはじめたころ、当地の住人層にはすでに製陶業者がいたが、職人たちがろくろを使うこともきわめてまれで、家事の範囲でつくられていたころと、さしてできばえは変わらなかった。そこに商人が海のかなたから船にのせて新製品を運びこんだ。商人たちはヘレスポントスの港ごとに驚くべき製品の商いをしつつ、これらの杯やかめや壺をつくっている大工場について物語った。地中海世界の需要を一手に引き受け、きわめて高度な技能をもつ職人集団だった。その技術は、あらゆるものが格段の進歩を見た現代の目から見ても、舌を巻かずにいられない。新製品は、おのずから現地に競争を引き起こす。陶土を精選して、より固くねり合わせ、色の純度を高めるとともに、すっきりとした優雅な形のものにする。むろん、焼き方も改良した。ふちの飾りを増やして、器《うつわ》をとり巻くようにほどこし、全体に均質のうわ薬のような輝きを与えるすべを習得した。とはいえ、ミケネ製品の美しさと華やぎには遠く及ばなかった。それというのも、こちらでは、もともと装飾ということに熱心ではなく、それが伝統ともなっていた上に、トロヤの製陶業者には良質の陶土と、陶土に付属したものが欠けていたせいである。しかし、自分たちなりの製陶業をおこし、最上層の出土品から判断すると五百年以上にわたってつくりつづけ、当地を領有していた紀元前七世紀から六世紀にかけてのギリシア人にも、現地産を供給していたのである。

「壺のかけらは考古学的英知を示す豊穣《ほうじょう》の角《つの》[*10]である」とは、シュリーマンの口癖だった。ミケネ時代に、いかにトロヤの地が栄えていたかを示すのは、壺のかけらのみにかぎらない。この時期の生活圏は、これまで数百平方メートルの範囲がたどられるにとどまっていたが、このたびの発掘により、古典ギリシア文明の時代やローマ時代のものはべつにすると、ヒッサリクの台地のなかで、もっとも大きな建物の遺跡を調査することができた。デルプフェルトが確定したところでは、ある建物の土台壁は一・六メートルもの幅をもち、これととなり合って礎石幅二メートルの建物が並び立っていた。これほど壮大な建物をもつ高台を、「トルコの村」とは、とても呼べないだろう。これと関連してシュリーマンが見出《みいだ》したところもまた述べておかなくてはならない。トロヤ平野の誇らかな記念物である大きな墓塚に、ヒッサリクで「ミケネ風」として見つかったのと同じ単色の壺や鉢があらわれたのである。とすると、これら英雄の墓は、トロヤの支配者たちの第二の栄光の時代を伝えるものではあるまいか？

シュリーマンは最初のミケネ式の壺があらわれたとき、トロヤの古代年代記に代わるものとして、歓迎した。まちがってはいないだろう。もちろん、いつごろそれが輸入されたのか、大きな時間の幅がある。近年、エジプトでなされた発見によると、前一五〇〇年から一〇〇〇年の間と考えてよいようだ。以前は出土品の簡素さ、素朴さから、「第二市」はミケネやティリンスよりもずっと古い文化だとされていた。それがいまやトロヤの地層自体がはっきりと示しているのだが、二番目に古い層と、ミケネ＝トロヤ城塞との間にも三期にわたる生活層がある。いずれ、さらに多くの手がかりが見つかれば、どの層がいつの時代のものであるか、判定ができるまでになるだろう。

要するに二番目に古い城塞と、ミケネ＝トロヤの城塞が問題だった。丘のまわりの発掘で切れぎれに見つかっただけで、正確にはたどれない周壁は後者の時代のものと思われる。いずれにせよ、ともにギリシア叙事詩の発展よりも古く、ホメロスよりも古いのである。ここからあらたに問題が生じてくる。はたしてどちらがアカイア人によって破壊されたプリアモスの都であるか。本来の旧市であり、アトレウス王朝の本拠ミケネに生まれたあの華麗な文化の衣鉢《いはつ》を継ぐものは、どれであるか？　シュリーマンは問題の解決を翌年にのばした。だが、死が、休むことのないこの人の努力に終止符を打つことになる。

七月三十一日、暑熱の季節になったので、ヒッサリクの発掘を中断。シュリーマンは翌年三月一日の再開を考えていた。まずアテネにもどってデルプフェルトと共同で発掘に関する当座の報告をまとめ、二、三の雑用をすませたのち、ドイツで保養していた妻や子と合流した。ついで十一月十二日、フィルヒョウのすすめに従い、ハレ[*11]のシュヴァルツェ教授による耳の手術を受けるために、旅立った。五日後、駅から診察室に直行。翌日、執刀となり、両耳に肥大していた骨の部分を除去。懸案の手術が終わり、いつもの活動欲がめざめて、やもたてもたまらなくなったのだろう、十二月十二日、ハレを出発。健康だった頃と同じように、せわしなく旅に上った。まずライプツィヒのブロックハウス書店に立ち寄り、ついで一日の予定でベルリンのフィルヒョウを訪ね、つれだって民族博物館で開催中の、そして彼自身のコレクションによるトロヤ遺品の新展示を参観、友人と来年の旅行を話し合った。十五日、パリ到着。ここで医者の診断と新しい処置を受ける手筈《てはず》になっていた。痛みが烈《はげ》しかったが気にもとめず、数日後にはパリを発《た》ってナポリへ向かった。ナポリでは博物館の新蒐集《しゅうしゅう》品とポンペイ遺跡の最近の成果を見る予定があった。近日中にアテネに帰る旨《むね》、家族に連絡してあったが、十二月二十六日、突如、悲しい知らせがアテネの自宅に舞いこんだ。

耳の炎症が脳を冒し、ナポリで人事不省に陥っている。医者は手だてがないという。数時間後、死去の電報がとどいた。

永年の友人デルプフェルトと夫人の長兄のつき添いのもとに、シュリーマンの遺体はアテネへ運ばれた。夫人に最初に哀悼の意を表した人々の一人は、シュリーマンがトロヤの発見物を贈った国、ドイツの君主ヴィルヘルム二世であった。一月四日の午後、弔問客がつぎつぎと館の広間へとやってきた。かつて当主が、老いと若きとを問わず友人たちと、あんなにも楽しい議論の時をもった当の部屋である。棺《ひつぎ》の枕《まくら》もとには、故人を学問の世界へ導いたホメロスの胸像が置かれていた。彼の仕事を称《たた》える人々によって棺は飾られていた。フリードリヒ皇太后、[*12]ギリシア王家、ベルリン市、アテネのさまざまな学術研究所、さらに多くの友人や知人たちである。ゲオルギオス国王、コンスタンティノス皇太子、[*13]ギリシアの諸大臣が列席し、国民に代わって感謝の意を表した。シュリーマンの努力はひとえにこの国の栄誉に捧《ささ》げられたのであり、だれもが予期しない方法で、栄えある過去を現代に引き出したのである。

古代遺跡監督官カヴァディアス氏と、ギリシア古代研究の大家で、詩人でもあるリゾス・ランガベーが、それぞれのことばで弔辞を述べた。合衆国公使スノーデン氏は、個人の意志をアメリカ流につらぬき通したアメリカ市民に称賛のことばを述べた。シュリーマンにとって、もっとも親密な仕事仲間であったデルプフェルトは、友人として、またドイツ科学界の代表として声をかけた。

「君よ、安らかに眠り給《たま》え。君はなすべきことを、ことごとくやりとげた！」

いま彼は安らかに憩《いこ》いをとっている。生ある間は、ついぞ休もうとしない人だった。生前、みずから定めた安らぎの場所には、ツィラー教授の設計による古代ギリシア風の墓碑がつくられた。黄泉《よみ》の国のかの人に、パルテノンのあるアクロポリスが、ゼウス神殿の列柱が、青いサロニコスの海が、アルゴリスの山並みが挨拶《あいさつ》を送ってくる。その山並みのかなたに、ミケネとティリンスの地が広がっている。

＊1　七世紀～十五世紀半ば頃。
＊2　エジプト南部のナイル川東岸の都市。古代エジプトの都があり、カルナック神殿や王家の谷などの遺跡が残る。
＊3　古代ギリシア三大悲劇詩人の一人。代表作に『トロヤの女』など。
＊4　エジプト南部のヌビア遺跡を構成するアブ・シンベル大神殿には、古代エジプトの王ラムセス二世と、小アジアから勢力を拡大しているヒッタイト人の戦い（カデシュの戦い）を描いた壁画が残されている。カデシュは、現在のシリア西部、レバノン

との国境近くの町で、レバノン・シリア・トルコを流れるオロンテス川に面した。
＊5　地中海に浮かぶ、ギリシアのクレタ島北岸にあった古代都市。クレタ文明の中心。
＊6　ギリシア神話におけるクレタ島の王。
＊7　一八三〇年にギリシアがトルコから独立した後も、クレタ島はトルコ領だった。そのため度々ギリシア系住民が蜂起し、多数の暴動が起こっていた。その後、一九一三年にギリシアに併合された。
＊8　パラスは、女神アテナの呼称の一つで、トロヤ建設者のイロスの祈りに、ゼウスがパラス・アテナの像を与えたという。
＊9　メガロンは、前庭・玄関・主室が縦に並ぶ、古代ギリシアの建築形式。
＊10　ギリシア神話に由来する、食べ物と豊かさの象徴である山羊の角。
＊11　ドイツ中部、ライプツィヒ近くの都市。
＊12　ドイツ皇帝フリードリヒ三世の妃で、ヴィルヘルム二世の母。
＊13　ギリシア王のゲオルギオス一世と、その子コンスタンティノス皇太子。

# 訳者解説

池内紀

　奇妙な男の奇妙な本である。シュリーマン自身は「自伝」を書かなかった。発掘の結果を報告するにあたり、彼は自分が、いつごろ、どのようにして発掘を思い立ったのか、世に知らせておく必要を感じたのだろう。そこで著書『イリオス』の「はしがき」として、幼いころの思い出と、発掘の費用づくりに苦労した商人時代のことを書いた。シュリーマンの死後、妻ソフィア・シュリーマンの依嘱のもとに、別人がその「はしがき」を生かしつつ、他の著書にみられる自伝的な個所《かしょ》を集めてつくりあげた。いわば土の中にちらばっている断片を探し出して、一人の人物の自伝を「発掘」した。

　学術的な報告書に幼いころと商人時代にまつわる回想をつける必要を感じたのは、それだけ発掘の仕事が山師《やまし》扱いされていたからだろう。王家の墓を荒らす盗賊《とうぞく》のように見られていた。だからこそシュリーマンは「はしがき」のはじめに、とりわけくわしく、北ドイツの小さな村アンカースハーゲンのことを述べた。父がその村の教会区の説教師をしていた。シュリーマンはそこで少年時代の八年をすごした。村ではことあるごとに「不思議なこと」がささやかれていた。

説教師の家の離れからは、夜な夜な前任者の幽霊が出る。家のすぐうしろに小さな池があって、「銀の小皿」などとよばれていた。真夜中に若い女の亡霊が銀の小皿を抱いてあらわれるからだ。村には周りに堀をめぐらした小さな丘があり、何ものの墓とも知れない大きな石が立てられていた。土地の言い伝えによると、遠い昔、ある盗賊が、愛人の子を金の揺《ゆ》り籠《かご》に入れて葬ったという。地主の庭には古い円形の塔があったが、そこには金貨をつめた箱が埋めてある。

アンカースハーゲンにはまた中世の古い城があった。城壁に秘密の通路があって、湖の底に通じている。その地下道を、中世の騎士の霊がさまよい歩いている……。

誰にも多少ともよく似た思い出があるのではあるまいか。私たちもまた幼いころ、近くの空家から幽霊が出るといったことをささやきあった。探検と称して、仲間と破《や》れ垣から忍びこんだこともある。私の育った町には天下の名城といわれる城があったが、学校の行き帰りなど、お城にはイザというときのための秘密の通路があり、それをたどっていくと堀の外に出られるといったことを真剣に語り合った。

「……となりの土地の所有者グントラッハ氏が、村の教会わきの丘から大きな木の樽《たる》を掘り出したということで、その樽には古代ローマ時代のとても強いビールが入っていたらしいのだ」

シュリーマン少年は、それをいちずに信じていた。

貧しい村と、そこに居心地《いごこち》悪く住んでいた説教師一家の日常が目に見えるようだ。村の人々は長い冬のあいだ、安酒をあおりながら、あることないことヒソヒソと語り合った。少年はそしらぬ顔をして、じっと聞き耳をたてている。そんな少年に父親はホメロスの英雄物語を読んでやった。ポンペイやトロヤの話をしてやった。火山の噴火で埋もれたり、戦争で破壊されたりして、あとかたもなく地上から消え失《う》せた都のこと。

アンカースハーゲン村のあるメクレンブルク＝フォアポンメルン州は旧東ドイツ最北部に位置して、バルト海に面している。古くからハンザ同盟の栄えたところで、志《こころざし》ある者たちはサッサと海外へ出ていった。あとに残った人々が「はるかな遠方」への憧《あこが》れをいだきながら、互いが互いを見張るようにして小さな共同体をつくっていた。村々には小さな教会があり、日曜ごとに巡回説教師がやってくる。型どおりの説教のあと、信者たちがチョッピリと、もの惜しげに差し出した喜捨《きしゃ》をいただいていく。父親が金銭の不足を嘆くたびに、少年は思ったものだ。どうして金の揺り籠や銀の小皿を掘り出さないの？　地主さんの庭の塔の下には金貨のつまった箱が埋めてあるというじゃないか。それを掘り出せば一挙にお金持ちになれるのに――。

シュリーマン家は代々プロテスタントの説教師だった。才あっても貧しさのため、やむなくそのような職におちついたのだろう。その職ですら、しばしば他人によって奪われた。説教師の家の離れから前任者の幽霊が出るといった噂は、心ならずも去っていった先の説教師の事情を伝えるものにちがいない。

そしてシュリーマン一家もまた同じ悲運に見舞われた。少年がギムナジウムに入学した年である。念願かなって大学へ進む道がひらけた。おりもおり、父親が突然、停職を命じられた。シュリーマンはその理由を述べていない。おそらく書くまでもないと考えたのだろう。一家の収入が途絶《とだ》え、十一歳の少年はギムナジウムをやめて町の実業学校に転校する。十四歳で卒業、メクレンブルクの小さな町の小さな店の小僧になった。その後三十年に及ぶ「商人時代」の苦闘のはじまりである。

『古代への情熱』は「古代への夢」と訳してもいい。無慈悲《むじひ》な現実のなかで、孤独な少年が、これ一つにすがるようにして抱きつづけた夢の物語である。

読んでいくと、やがてわかる、ハインリヒ・シュリーマンは文学と現実とを取っ違えた。その結果、大成功を収めた珍しい人物である。

このことは、よく知られている。シュリーマン自身が自伝のはじめに、くわしく語っているからだ。七歳のときだという。父親からクリスマスのプレゼントに『子供のための世界の歴史』という本をもらった。そこには色刷りで炎上するトロヤの街が描かれていた。巨大な城壁や門があった。城壁の上に赤い炎が迫っている。詩人ホメロスが歌ったとおり、老父アンキセスを背負い、幼いアスカニオスの手を引いて、戦士アエネアスが逃れていく。

古代トロヤにはほんとうに、ここに描かれているような城壁があったのかと少年がたずねると、父親はあったといった。とすると、それがあとかたもなく消え失せることはありえない。石や土の下に埋もれているだけではないか。ちょうど地主のグントラッハ氏が、古代ローマ時代のビールの樽を掘り当てたように、トロヤの遺跡だって掘り出すことができるはずだ。わが子があまり強固に言い張ったせいだろう、父もしぶしぶ同意した。少年が将来いつか、トロヤを発掘するということに、父と子の意見が一致したというのである。それは一八二九年のことだった。

ほぼ四十年後、一八六八年のくだりに、シュリーマンは高らかに述べている。

「いよいよ人生の夢が実現できる」

その間、せっせと商売にいそしんだ。そして十分な資金を得た。シュリーマンは、おそろしく語学の才のあった人だが、学者でも詩人でも芸術家でもなかった。ひとことでいえば、夢みるディレッタントである。華麗なる変わり者だ。発掘は決して欲得ずくではなかったが、多少の商人魂はいつもあった。それは首尾よく発見したときの、大々的な公表の仕方からもみてとれる。遠くヒッサリクの現場から、彼はたえず『タイムズ』に報告を送った。この発掘者は現場中継のキャスター役を兼ねていた。報告を送るにあたり、つねに発見物の図版をつけるのを忘れなかった。

トロヤの発見から「プリアモスの財宝」にたどりつくのは、一八七三年六月である。翌七四年一月、はやくもトロヤをめぐる最初の著書が世にあらわれた。順次『タイムズ』に送った報告を編集するだけでよかったからだ。著書には、地図と、発掘の光景と、二百点をこえる写真や図版が添えられていた。

大きく分けてシュリーマンの発掘は、トロヤ、ミケネ、オルコメノス、ティリンスの四度にわたる。どの場合も場所の選定が幸いした。途方もなく幸運だった。この人物をめぐって、もっとも謎《なぞ》めいた一点だろう。彼は、鉱脈や水脈を見つけ出す不思議な本能をそなえていた。というのは——当人は、はっきりとは書いていないが——四度とも彼は、まちがった所を掘った。まさしくその結果、意図したよりもはるかに豊かな発見にめぐまれた。

ヒッサリクで彼が発掘しようとしたのは、ミケネ時代のイリオスだった。代わりに古代トロヤを見つけた。当然のことながら彼は、ホメロスの歌ったトロヤは最も下層にあるはずだと考えていた。そこで下から二番目の層まで切りひらいて「炎上した町」を見つけた。それこそシュリーマンによると、ギリシア人によって破壊されたトロヤだった。だが、その町から出土したのは「プリアモスの財宝」だった。あきらかに「文学」と一致しない。ホメロスが歌ったよりもさらに古い、より謎めいた文明を示していた。ホメロスのトロヤがづきとめられたのは、約二十年後、ヴィルヘルム・デルプフェルトの発掘によってである。全部で七層のうちの上から二番目のところにあった。シュリーマンのトロヤとは三期以上もへだたっていた。誠実なシュリーマンは、自分でも告白している。つまり、『イリアス』で読んだ想像上のトロヤに熱心なあまり、ほんとうのトロヤを少なからず破壊したと。

『古代への情熱』は、文学からはじまった夢の事業の記録だが、読んでいくとよくわかる。古代の遺跡が日の目をみるにつれて、ホメロスのほうが急速に色あせる。二千年以上にわたり、『イリアス』は消え失せた古代の栄光をホラまじりに語ったものとされていた。現実に照らして判明したのだが、いたって実直に事実を述べたまでであって、たいしてホラを吹いていないのだ。大詩人ホメロスをもってしても現実にはかなわない。つねづね反対のことがいわれるが、現実こそより想像力にみち、より偉大で、より美しい。

シュリーマンは、この点については、ひとことも触れていない。たぶん、少年時代の夢を傷つけたくなかったせいだろう。

# 解説

周藤芳幸

「奇妙な男の奇妙な本である」

訳者の池内紀氏は、本書のもとになった翻訳が一九九五年に刊行されるにあたり、その解説をこのように書き起こしている。

たしかに、シュリーマンが著書『イリオス』（一八八〇年）の「はしがき」として執筆したいわゆる「自叙伝」を第一章におき、続く部分では古典学者のアルフレート・ブリュックナーがトロイア発掘からナポリで客死するまでのシュリーマンの後半生を物語るというこの本の体裁は、それ自体がいささか奇妙な印象を与える。にもかかわらず、本書が広く読み継がれてきたのには、もちろん理由がある。

第二章以下を叙述するにあたり、ブリュックナーは「自叙伝」の冒頭でシュリーマンが述べた「のちの仕事のすべてが、幼い頃の印象によっていたこと、ほとんどその当然の結果であったことを、はっきりさせたい」という言葉を忠実に守り、シュリーマンの著書からの抜粋を随所に差し挟みながら、巧みに彼の後半生を再構成した。こうして本書は、長い労苦の末に巨万の富を築き、子どもの頃に抱いた夢、すなわちトロイアの発掘を実現することで、考古学者として空前の成功を収めた偉人の伝記として、ベストセラーの地位を獲得することになったのである。

しかし、二十世紀の後半に始まり、没後百年にあたる一九九〇年頃から欧米で一気に盛んになったシュリーマン研究の成果は、本書を貫くこの「トロイアへの夢」という物語が、さまざまな虚構のうえに築かれたファンタジーに過ぎなかったことを明らかにしてきた。その際、とりわけ頻繁にやり玉にあがったのが、「自叙伝」のなかの印象的なエピソードの数々である。

たとえば、「トロイアへの夢」の出発点は、「自叙伝」によれば、まもなく八歳になるクリスマスの日に父親からイェラーの『子どものための世界史』を贈られた彼が、炎上するトロイアから脱出するアエネアスを描いた挿絵を見て、いつかトロイアを発掘すると言い張ったことだった。しかし、この逸話は一八七五年の同郷人に宛《あ》てた書簡に初めて現れるものであり、これに先だって刊行された『イタカ・ペロポネソス・トロイア』（一八六九年）の序文には、十歳のときに父親からクリスマス・プレゼントとしてラテン語で書かれたトロイア戦争の物語をもらったと書かれている。

彼がからくも一命をとりとめたドロテア号の難破事件についても事情は同様である。「自叙伝」では九人の乗組員全員が助かったと述べられているが、事件直後の一八四一年に姉妹に宛てた手紙では、助かったのは彼を含む三人だけで乗組員十八名が亡くなったとされ、さらに一八五二年の「アメリカ日記」の序文によれば、このとき二名が溺死《できし》し、十四名が救助されたのだという。

これらの記述は、いずれも真偽のほどが定かではない事柄についてのものであるが、「自叙伝」にはシュリーマンによる明らかな捏造《ねつぞう》も含まれている。たとえば、アメリカ市民権の取得の経緯について、「自叙伝」ではゴールドラッシュに沸くアメリカ滞在中の一八五〇年に、滞在先のカリフォルニアが州として独立したために合衆国の市民権を得たと説明されている。ところが、実際に彼がアメリカで市民権を得たのは一八六九年になってからのことであり（証明書が現存する）、それもロシアで結婚した最初の妻に対する離婚判決を得る必要から行った奇策の一環だったことが判明している。

そもそも、「自叙伝」はシュリーマンの単なる回想録ではない。一八六八年の夏に初めてトロイアを訪れたシュリーマンは、ヒサルルックの丘こそがホメロスのトロイアであると信じてこの地で発掘を続けていた、フランク・カルヴァートと知り合った。一八五六年頃に商売から手を引き、自分探しの旅を重ねながら考古学にも関心を向け始めていたシュリーマンは、このときついに自分の後半生を賭《か》けるに値すると思われた目標を見出《みいだ》したのである。しかし、トロイアの発掘で名声を獲得すると、シュリーマンはそのアイディアがカルヴァートに由来するものであることを否定しようと躍起になった。そこで「トロイアへの夢」、つまり自分こそが幼い頃からトロイアの発掘を志していたのだということを証明する目的で創作されたのが「自叙伝」であり、それはとりもなおさず本書の冒頭でシュリーマンが明言している通りなのである。

それでは、本書を彩るこれらの虚偽はあくまでシュリーマンの前半生に関するものだけであって、その後の彼の考古学的な業績にまでは及んでいないのだろうか。残念ながら、答は否である。一八七一年から三シーズンにわたって行われた第一次トロイア発掘のクライマックスは、いわゆる「プリアモスの財宝」の発見（一八七三年五月三十一日）であり、シュリーマンがイギリスを筆頭に世界で称賛されるきっかけとなった。本書ではそのときの状況について「考古学にとって、はかり知れぬほどの価値をもつ多くの出土品を見るにつけ、私は死の危険をものともしなかった。……とはいえ宝の移送が首尾よく成功したのは、妻の助けがあったからである。彼女はずっと私のそばに立ち、掘り出されたものをショールにくるんで運んでいった」と書かれている。

ところが、「プリアモスの財宝」の出土コンテクストに関わるこの重要な記述が事実に反することは、シュリーマン自身が同年に大英博物館のチャールズ・ニュートンに宛てた書簡で認めているところだった。実は、妻のソフィアは父親が亡くなったために五月にトロイアの発掘現場を離れていた。しかし、シュリーマンによれば、彼は妻に立派な考古学者となってほしかったので、報告書のなかでは彼女が発掘に立ち会ったことにしたのだという。これでは、彼の発掘報告書の細部にまで疑いの目が向けられるようになったのも、当然であろう。

このように、本書はシュリーマンがいかに生きたのかを客観的に叙述した伝記というよりは、むしろ「トロイアへの夢」というシナリオに沿って、彼がいかに生きようとしたのかを描いた物語となっている。その結果として、本書ではこのシナリオから外れる出来事、たとえば第一次トロイア発掘の後、彼がギリシアでホメロスとは関係のないオリュンピアの発掘権の獲得を画策したこと、あるいは後にはエジプトのアレクサンドリアでクレオパトラの宮殿を発掘しようとしたことなどは、一切言及されていない。

しかし、このことは、決して本書の独自の価値を損なうものではない。偉大な考古学者としての後半生にふさわしい自叙伝（そこで開陳される彼の独創的な外国語習得法などは、いつの時代も読者に感銘を与えずにおかないであろう）を導入部に置くことで、本書は、トロイアやミケーネの発掘を通じてギリシア先史考古学を独力で切り拓《ひら》いただけではなく、考古学という学問の魅力を広く世に知らしめたシュリーマンの比類のない功績を、分かりやすく伝えることに成功しているのである。

折しも、シュリーマン生誕二百年を祝うために、ベルリンでは二〇二二年から二三年にかけて「シュリーマンの世界、その人生・発見・神話」と題する大規模な展覧会が開催されているが、この機にわが国でも、池内紀氏による本書の達意の日本語訳が角川ソフィア文庫の一冊として復刊されることを心から喜びたい。

なお、シュリーマンとその事績についてさらに詳しく知りたいという方には、以下の文献が参考になるであろう。キャロライン・ムアヘッド（芝優子訳）『トロイアの秘宝　その運命とシュリーマンの生涯』（角川書店　一九九七年）は、第二次世界大戦後に所在が分からなくなっていた「プリアモスの財宝」が戦利文化財としてロシアに保管されていたことが明るみに出たのを受けて書かれたもので、シュリーマンの日記なども存分に活用されている。デイヴィッド・トレイル（周藤芳幸・澤田典子・北村陽子訳）『シュリーマン　黄金と偽りのトロイ』（青木書店　一九九九年）は、近年のシュリーマン研究の進展を踏まえ、シュリーマンの書簡などを手がかりに彼の人生を詳細に跡づけた本格的な評伝である。大村幸弘『トロイアの真実　アナトリアの発掘現場からシュリーマンの実像を踏査する』（山川出版社　二〇一四年）は、アナトリア考古学の視点からシュリーマンを再評価する。天理大学附属天理参考館編『ギリシア考古学の父シュリーマン　ティリンス遺跡原画の全貌』（山川出版社　二〇一五年）には、近年のシュリーマン研究についての解説者による紹介が収められている。エリック・H・クライン（西村賀子訳）『トロイア戦争　歴史・文学・考古学』（白水社　二〇二一年）には、シュリーマンを魅了したトロイア戦争をめぐる最新の研究動向が手際よくまとめられている。

（名古屋大学人文学研究科教授）

本書は一九九五年十月に小学館より刊行されました。文庫化にあたり注釈を新たにし、一部の表記を統一しました。

# 古《こ》代《だい》への情《じょう》熱《ねつ》

H・シュリーマン　池内《いけうち》 紀《おさむ》＝訳

令和５年　２月25日　初版発行
令和６年　10月10日　３版発行

発行者●山下直久

発行●株式会社KADOKAWA
〒102-8177　東京都千代田区富士見2-13-3
電話　0570-002-301（ナビダイヤル）

角川文庫 23564

印刷所●株式会社KADOKAWA
製本所●株式会社KADOKAWA

表紙画●和田三造



●お問い合わせ
https://www.kadokawa.co.jp/（「お問い合わせ」へお進みください）
※内容によっては、お答えできない場合があります。
※サポートは日本国内のみとさせていただきます。
※Japanese text only


ISBN 978-4-04-400744-7　C0198

◆◇◇

# 角川文庫発刊に際して

角川源義

第二次世界大戦の敗北は、軍事力の敗北であった以上に、私たちの若い文化力の敗退であった。私たちの文化が戦争に対して如何に無力であり、単なるあだ花に過ぎなかったかを、私たちは身を以て体験し痛感した。西洋近代文化の摂取にとって、明治以後八十年の歳月は決して短かすぎたとは言えない。にもかかわらず、近代文化の伝統を確立し、自由な批判と柔軟な良識に富む文化層として自らを形成することに私たちは失敗して来た。そしてこれは、各層への文化の普及滲透を任務とする出版人の責任でもあった。

一九四五年以来、私たちは再び振出しに戻り、第一歩から踏み出すことを余儀なくされた。これは大きな不幸ではあるが、反面、これまでの混沌・未熟・歪曲の中にあった我が国の文化に秩序と確たる基礎を齎らすためには絶好の機会でもある。角川書店は、このような祖国の文化的危機にあたり、微力をも顧みず再建の礎石たるべき抱負と決意とをもって出発したが、ここに創立以来の念願を果すべく角川文庫を発刊する。これまで刊行されたあらゆる全集叢書文庫類の長所と短所とを検討し、古今東西の不朽の典籍を、良心的編集のもとに、廉価に、そして書架にふさわしい美本として、多くのひとびとに提供しようとする。しかし私たちは徒らに百科全書的な知識のジレッタントを作ることを目的とせず、あくまで祖国の文化に秩序と再建への道を示し、この文庫を角川書店の栄ある事業として、今後永久に継続発展せしめ、学芸と教養との殿堂として大成せんことを期したい。多くの読書子の愛情ある忠言と支持とによって、この希望と抱負とを完遂せしめられんことを願う。

一九四九年五月三日

# 角川ソフィア文庫ベストセラー

## ギリシア神話物語　楠見千鶴子

西欧の文化や芸術を刺激し続けてきたギリシア神話。天地創造、神々の闘い、人間誕生、戦争と災害、英雄譚、そして恋の喜びや別離の哀しみ――。多彩な図版とともにその全貌を一冊で読み通せる決定版。

## 古代ローマの生活　樋脇博敏

現代人にも身近な二八のテーマで、当時の社会と日常生活を紹介。衣食住、娯楽や医療や老後、冠婚葬祭、性愛事情まで。一読すれば二〇〇〇年前にタイムスリップ！　知的興味をかきたてる、極上の歴史案内。

## 聖書物語　木崎さと子

キリスト教の正典「聖書」は、宗教書であり、良質の文学でもある。そのすべてを芥川賞作家が物語として再構成。天地創造、バベルの塔からイエスの生涯、そして黙示録まで、豊富な図版とともに読める一冊。

## 日本人のための第一次世界大戦史　板谷敏彦

今の世界情勢は、第一次世界大戦の開戦前夜と瓜二つ――。日本人だけが知らない彼の戦争の全貌を、政治・経済・金融・メディア・テクノロジーなどの様々な切り口から、旧来の研究の枠を超えて描き出す。

## イスラーム世界史　後藤　明

肥沃な三日月地帯に産声をあげる前史から、宗教としての成立、民衆への浸透、多様化と拡大、近代化、そして民族と国家の20世紀へ――。イスラーム史の第一人者が日本人に語りかける、１００の世界史物語。

# 角川ソフィア文庫ベストセラー

## ローマ法王

竹下節子

世界で12億人以上のカトリック教徒の頂点に立つローマ法王は政治・外交・平和の重要人物である。その歴史と現在を探る。西洋文化の根底にあるカトリック文化を知り、国際社会をより深く理解できる快著。

## ペリー提督日本遠征記（上）

M・C・ペリー
編纂／F・L・ホークス
監訳／宮崎壽子

喜望峰をめぐる大航海の末ペリー艦隊が日本に到着、幕府に国書を手渡すまでの克明な記録。当時の琉球王朝や庶民の姿、小笠原をめぐる各国のせめぎあいを描く。美しい図版も多数収録、読みやすい完全翻訳版！

## ペリー提督日本遠征記（下）

M・C・ペリー
編纂／F・L・ホークス
監訳／宮崎壽子

刻々と変化する世界情勢を背景に江戸を再訪したペリーと、出迎えた幕府の精鋭たち。緊迫した腹の探り合いが始まる――。日米和親条約の締結、そして幕末日本の素顔や文化を活写した一次資料の決定版！

## 明治日本散策
東京・日光

エミール・ギメ
岡村嘉子＝訳
解説／尾本圭子

明治9年に来日したフランスの実業家ギメ。茶屋娘との心の交流、料亭の宴、浅草や不忍池の奇譚、博学な僧侶との出会い、そして謎の絵師・河鍋暁斎との対面――。詳細な解説、同行画家レガメの全挿画を収録。

## 明治日本写生帖

フェリックス・レガメ
林久美子＝訳
解説／稲賀繁美

開国直後の日本を訪れたフランス人画家レガメは、紙とペンを携え、憧れの異郷で目にするすべてを描きとめた。明治日本の人と風景を克明に描く図版245点、その画業を日仏交流史に位置付ける解説を収録。

# 角川ソフィア文庫ベストセラー

# 角川ソフィア文庫ベストセラー

## なぜ人は地図を回すのか
### 方向オンチの博物誌
村越　真

ナビゲーション技術は進化し続けているにもかかわらず、方向オンチが治ったという話は聞かない。迷う人と迷わない人は何が違うのか？　心理学や脳科学、男女の性差などから多角的に分析。克服法も提案する。

## 贋札の世界史
植村　峻

10世紀に中国で紙幣が誕生するとすぐ贋札が出現した。手書きの偽造犯、国でさえ判別できない精巧な偽造から、ナチスによる英ポンド偽造作戦や近年の事件まで。元大蔵省印刷局の著者がその歴史を紐解く。

## 印象派の歴史（上）
ジョン・リウォルド
三浦　篤＝訳
坂上桂子＝訳

19世紀パリ。伝統と権威に反旗を翻し、光と色彩の新たな表現を信じた画家たちがいた。彼らはグループ展の実現に奔走するが、第二帝政末期、戦火が忍び寄る——。世界的研究者が描く通史の金字塔。

## 印象派の歴史（下）
ジョン・リウォルド
三浦　篤＝訳
坂上桂子＝訳

ついに実現した第一回「印象派展」、それは事件だった。観衆の戸惑い、嘲笑、辛辣な批評の一方で、のちの近代美術史に刻まれる数々の名作が産声をあげていく。全八回の印象派展を丹念に辿る通史の決定版。

## 音楽入門
伊福部　昭

真の美しさを発見するためには、教養と呼ばれるものを否定する位の心がまえが必要です——。日本に根ざす作品世界を追求し、「ゴジラ」の映画音楽でも知られる作曲家が綴る、音楽への招待。解説・鷺巣詩郎

# 角川ソフィア文庫ベストセラー

クラシック音楽の歴史　中川右介

人物や事件、概念、専門用語をトピックごとに解説。時間の流れ順に掲載しているため、通して読めば流れも分かる。グレゴリオ聖歌から二十世紀の映画音楽まで。「クラシック音楽」の学び直しに最適な1冊。

至高の十大指揮者　中川右介

「三大指揮者」と称されたトスカニーニ、ワルター、フルトヴェングラーから現代の巨匠ラトルまで。無数の指揮者から10人を選び、どうキャリアを積み上げ、何を成し遂げたかという人生の物語を提示する。

ジャズの歴史物語　油井正一

ジャズはいかなる歴史を歩んだのか。そして、挫折と栄光に彩られた、巨人たちの人生の物語とは――。ジャズ評論に生涯をささげ、草分けとして時代の熱情を見つめてきた第一人者が描き出す、古典的通史。

方法序説　デカルト　小場瀬卓三＝訳

哲学史上もっとも有名な命題「我思う、ゆえに我あり」を導いた近代哲学の父・デカルト。人間に役立つ知識を得たいと願ったデカルトが、懐疑主義に到達する経緯を綴る、読み応え充分の思想的自叙伝。

新版 精神分析入門（上）（下）　フロイト　安田徳太郎・安田一郎＝訳

無意識、自由連想法、エディプス・コンプレックス。精神医学や臨床心理学のみならず、社会学・教育学・文学・芸術ほか20世紀以降のあらゆる分野に根源的な変革をもたらした、フロイト理論の核心を知る名著。

# 角川ソフィア文庫ベストセラー

## 自殺について
ショーペンハウエル
石井　立＝訳

誰もが逃れられない、死（自殺）について深く考察し、そこから生きることの意欲、善人と悪人との差異、人生についての本質へと迫る！　意思に翻弄される現代人へ、死という永遠の謎を解く鍵をもたらす名著。

## 饗宴
恋について
プラトン
山本光雄＝訳

「愛」を主題とした対話編のうち、恋愛の本質と価値について論じた「饗宴」と、友愛の動機と本質について論じた「リュシス」の2編を収録。プラトニック・ラブの真意と古代ギリシャの恋愛観に触れる。

## 君主論
マキアヴェッリ
大岩　誠＝訳

ルネサンス期、当時分裂していたイタリアを強力な独立国とするために大胆な理論を提言。その政治思想は「マキアヴェリズム」の語を生み、今なお政治とは何かを答え、ビジネスにも応用可能な社会人必読の書。

## 世界を変えた哲学者たち
堀川　哲

二度の大戦、世界恐慌、共産主義革命――。ニーチェ、ハイデガーなど、激動の二〇世紀に多大な影響を与えた一五人の哲学者は、己の思想でいかに社会と対峙したのか。現代哲学と世界史が同時にわかる哲学入門。

## 歴史を動かした哲学者たち
堀川　哲

革命と資本主義の生成という時代に、哲学者たちはいかなる変革をめざしたのか――。デカルト、カント、ヘーゲル、マルクスなど、近代を代表する11人の哲学者の思想と世界の歴史を平易な文章で紹介する入門書。

# 角川ソフィア文庫ベストセラー

## 感染症の世界史
石　弘之

コレラ、エボラ出血熱、インフルエンザ……征服しては新たな姿となって生まれ変わる微生物と、人類は長い「軍拡競争」の歴史を繰り返してきた。40億年の地球環境史の視点から、感染症の正体にせまる。

## 鉄条網の世界史
石　弘之
石紀美子

鉄条網は19世紀のアメリカで、家畜を守るために発明された。一方で、いつしか人々を分断するために用いられていく。この負の発明はいかに人々の運命を変えたのか。全容を追った唯一無二の近現代史。

## 中国古代史
司馬遷「史記」の世界
渡辺精一

始皇帝、項羽、劉邦――。『史記』には彼らの善悪功罪の両面が描かれている。だからこそ、いつの時代も読む者に深い感慨を与えてやまない。人物描写にもとづき、中国古代の世界を100の物語で解き明かす。

## 諸子百家
渡辺精一

孔子、老子、荘子、孟子、荀子、韓非子、孫子……乱世に現れ、熱弁を振るった多数の思想家。彼らに共通するのは、誠実であること、そして根底にある人間愛だった。人柄を読み解き、思想の本質を解き明かす。

## はじめて読む数学の歴史
上垣　渉

数学の歴史は〝全能神〟へ近づこうとする人間的営みだ！　古代オリエントから確率論・解析幾何学・微積分法などの近代数学まで。躍動する歴史が心を魅了し、知的な面白さに引き込まれていく数学史の決定版。

# 角川ソフィア文庫ベストセラー

## 数学の魔術師たち　木村俊一

カントール、ラマヌジャン、ヒルベルト――天才的数術師たちのエピソードを交えつつ、無限・矛盾・不完全性など、彼らを駆り立ててきた摩訶不思議な世界を、物語とユーモア溢れる筆致で解き明かす。

## 波紋と螺旋とフィボナッチ　近藤滋

カメの甲羅の成長、シマウマの縞模様、ヒマワリや巻き貝などいたるところで見られるフィボナッチ数……生き物の形には数理が潜んでいた！　発生学を専門とする生物学者が不思議な関係をやさしく楽しく紹介。

## 読む数学　瀬山士郎

XやYは何を表す？　方程式を解くとはどういうこと？　その意味や目的がわからないまま勉強していた数学の根本的な疑問が氷解！　数の歴史やエピソードとともに、数学の本当の魅力や美しさがわかる。

## 読む数学　数列の不思議　瀬山士郎

等差数列、等比数列、ファレイ数、フィボナッチ数列ほか個性溢れる例題を多数紹介。入試問題やパズル等も使いながら、抽象世界に潜む驚きの法則性と数学の「手触り」を発見する極上の数学読本。

## 読む数学記号　瀬山士郎

記号の読み・意味・使い方を初歩から解説。小学校で習う「1・2・3」から始めて、中学・高校・大学初年レベルへとステップアップする。数学はもっと面白く身近になる！　学び直しにも最適な入門読本。

# 角川ソフィア文庫ベストセラー

## 読むトポロジー　瀬山士郎

一筆書き、メビウスの帯、クライン管、ポアンカレ予想などの例をもちいて、興味深い図版を豊富に駆使しつつ、幾何学の不思議な形の世界へと案内する。数学的直観を刺激し、パズル感覚で読める格好の入門書。

## ゼロからわかる虚数　深川和久

想像上の数である虚数が、実際の数字とも関係してくるのはなぜ？　自然数、分数、無理数……小学校のレベルから数の成り立ちを追い、不思議な実体にせまる！　摩訶不思議な数の魅力と威力をやさしく伝える。

## 空気の発見　三宅泰雄

空気に重さがあることが発見されて以来、様々な気体の種類や特性が分かってきた。空はなぜ青いのか、空気中にアンモニアが含まれるのはなぜか――。身近な疑問や発見を解き明かし、科学が楽しくなる名著。

## 生物にとって時間とは何か　池田清彦

生命の核心をなす生物固有の時間とは。突然変異を呼び込むDNA複製システムや、未知のウィルスに備える免疫システムなど、未来を探る生物の姿を紹介。時間の観点から生物学の新たな眺望を拓く根源的生命論。

## 初歩から学ぶ生物学　池田清彦

人はなぜ死ぬの？　進化や遺伝の仕組みとは？　なぜオスとメスがいるの？　人気生物学者が、教科書以前の素朴な疑問から具体例を厳選し、要点から体系的にわかりやすく解説。生物の原理に迫る恰好の入門書。

## 角川ソフィア文庫ベストセラー

### 骨と墓の考古学 大都市江戸の生活と病
谷畑美帆

近世人の姿をいきいきと物語る古人骨。町人か侍か。病死か事故死か人柱か。けがや流行り病、食事や性生活、衛生状態や老後の暮らしまで、文献に残らない歴史を科学の力で解き明かす都市古病理学への招待。

### 縄文土器・土偶
井口直司

縄文人はどんな人たちだったのか。その謎を解く鍵は道具にあった！ 主要作品をカラー写真と最新の科学的知見を盛り込んだ解説で紹介。縄文の国宝全6点を含む図版100点超えの入門書の決定版。

### 縄文人の死生観
山田康弘

精一杯の生を送り、病魔や死の恐怖と闘った人びとの姿を雄弁に物語る、縄文の墓や遺物。その背後に広がる、自然や母胎への回帰、再生をめぐる死生観とは？ 現代人の死のあり方をも照らし返す墓の考古学。

### 自然のしくみがわかる地理学入門
水野一晴

新宿に高層ビルが密集する、北海道と本州で生息する動物が異なる、高尾山の植物種数はフィンランドより多い……これらは全て「氷河」のせいなんです。身近な疑問から地球の不思議に触れる、エキサイティングな地理学入門！

### 世界飛び地大全
吉田一郎

人も住めないミクロな飛び地、飛び地の中の飛び地など、世界には驚くような飛び地が多数存在している。誕生のいきさつや歴史、人々の暮らしなども紹介。図版150点超！ 新しい世界史が見えてくる！